In unseren Veröffentlichungen bemühen wir uns, die Inhalte so zu formulieren, dass sie Frauen und Männern gerecht werden, dass sich beide Geschlechter angesprochen fühlen, wo beide gemeint sind, oder dass ein Geschlecht spezifisch genannt wird. Nicht immer gelingt dies auf eine Weise, dass der Text gut lesbar und leicht verständlich bleibt. In diesen Fällen geben wir der Lesbarkeit und Verständlichkeit des Textes den Vorrang. Dies ist ausdrücklich keine Benachteiligung von Frauen oder Männern.

Impressum

ejw Evangelisches Jugendwerk in Württemberg

buch+musik ejw-service gmbh, Stuttgart

ISBN Buch 978-3-86687-132-8
ISBN E-Book 978-3-86687-137-3

Lektorat:	Mirja Wagner, Marburg
Umschlag:	Benjamin Funk, Rotenburg an der Fulda
Gestaltung und Satz:	buch+musik – Claudia Siebert, Kassel
Bildrechte Foto Titel:	Anne Funk, Rotenburg an der Fulda
Bildrechte Foto Rückseite, Inhalt:	bei den Autoren der Beiträge
Bildrechte Autorenfotos:	bei den Autoren der Beiträge
Druck und Gesamtherstellung:	CPI books GmbH, Leck

www.ejw-buch.de

HEIKO METZ (HG.)

BAUSTEINE STAUNEN

KLEINE BAUMEISTER ENTDECKEN GOTTES GROSSE WELT

KONZEPTE FÜR MISSIONARISCHE BAUSTEIN-WELTEN

buch+
musik

Inhaltsverzeichnis

Grundlagen für Baustein-Welten

Konzepte für Baustein-Welten – Holzbausteine

Konzepte für Baustein-Welten – Bunte Bausteine

Einleitung

Hallo und herzlich willkommen in der Baustein-Welt
– besser gesagt: herzlich willkommen in den Baustein-Welten (dazu später mehr)!

Schön, dass du uns als Experte, als Expertin besuchen kommst!
„Als Experte?“, fragst du vielleicht. Und ich sage: „Ja, als Experte!“
Es ist uns eine Ehre, dich hier in den Baustein-Welten dabeizuhaben!

Ich bin mir sicher, dass du als Kind mindestens einen Eimer voller Holzbausteine hattest, mit denen du Türme, Mauern, Häuser und vieles mehr gebaut hast; Holzbausteine, die als Wurfgeschoss gegen die ältere Schwester dienten, deine Eltern mehrmals schimpfend zum Stolpern brachten und, und, und ...
Ich bin mir sicher, dass du als Kind mindestens eine Kiste voller bunter Hartplastikbausteine hattest und daraus ganze Welten entstehen lassen konntest. Vom einfachen Haus bis zum größten Traumschiff – vom kleinen Auto bis zum riesigen Schwertransporter war alles machbar, solange die Steine reichten.

Du bist ein Experte, eine Expertin – und mit dir leben Millionen weiterer Experten und Expertinnen in unserem Land.
Warum du dann ein Buch zum Thema Baustein-Welten lesen solltest, fragst du dich vielleicht? Und ich sage: „Das ist eine gute Frage!“
Wir wollen dich mit diesem Buch einladen. Einladen, der Faszination der Baustein-Welten, die du als Kind fast täglich gespürt hast, wieder nahezukommen.

Wir wollen dich mit hineinnehmen in die verschiedensten Ideen und Projekte, die es möglich machen, dass ...

- Kindern und Erwachsenen die Augen glänzen vor Freude, weil es einfach schön ist, miteinander zu spielen und kreativ zu sein.
- Kreativität, Fantasie und Erfindergeist freigesetzt werden und Kinder ihren Beitrag als etwas Wertvolles erleben dürfen.
- alle mitarbeiten können, die seit Kindesbeinen an Experten und Expertinnen sind – auch wenn jemand sonst nicht in der Jungschar o. Ä. dabei ist.
- deine Gemeinde für Kinder und Familien attraktiv wird, weil ihr zusammen eintaucht in die Baustein-Welt.

Dieses Buch will dir helfen, Bausteine verschiedenster Art und Form mit einer tollen Aktion oder einem langfristigen Programm für deine Gemeinde oder für die Kinder in deiner Umgebung zu verbinden, Kinder so richtig zu begeistern und ihnen gutzutun.

Dabei gilt: Alle im Buch vorgestellten Ideen sind Bausteine, die an die jeweiligen Bedingungen vor Ort (v. a. Raum, Zeit und Mitarbeitende) angepasst werden müssen.

Tim (8 Jahre, Name geändert) war bei einer Wochenendaktion mit Hartplastikbausteinen dabei. Er hatte die Gemeinde noch nie von innen gesehen, kannte keinen der Mitarbeitenden und war es nicht gewohnt, dass ihm Erwachsene so viel positive Aufmerksamkeit entgegenbrachten. So erlebte er an diesem Wochenende ein wahres Wechselbad der Gefühle. Er wich stundenlang nicht von meiner Seite, kuschelte sich bei jeder passenden und unpassenden Gelegenheit an mich und erzählte mir die Details seiner letzten Tage – wenige Sekunden später waren ihm Nähe, Offenheit und Wertschätzung zu viel und er zog sich in eine Ecke zurück. Kurz darauf war ich wieder zum Kletterbaum o. Ä. auserkoren. Gelang ihm etwas beim Bauen mit den bunten Hartplastikbausteinen, streckte er es stolz in die Höhe, rief nach mir und ließ es gebührend begutachten und bewundern. Am Ende des Wochenendes brachte er mir ein selbstgemaltes Bild als Geschenk mit und verkündete lauthals, dass ich ab sofort sein bester Freund sei und ihn jeden Tag besuchen müsse.

Das ist es, was Baustein-Welten können: Menschen begeistern und Kinder einladen, die mit anderen Aktionen kaum zu erreichen sind. Dadurch werden Möglichkeiten geschaffen, gemeinsam etwas zu erleben, ins Gespräch zu kommen, Beziehungen zu bauen, als Gemeinde positiv in Erinnerung zu bleiben und missionarisch zu wirken. Gleichzeitig ist der organisatorische Aufwand relativ gering – und das Programm begeistert die Eltern (und nicht zu vergessen: die Mitarbeitenden) gleich mit.

Auf eine Entdeckungsreise rund um die vielfältigen Möglichkeiten in den Baustein-Welten laden wir dich auf den kommenden Seiten ein.

» Bevor du und dein Team mit euren Kindern die eine oder andere Baustein-Welt startet, seid ihr aber erst mal selbst dran: Fast jeder und jede hat ein paar Bausteine aus der Kindheit (oder von den eigenen Kindern) zu Hause. Macht doch mal ein Treffen mit allen Mitarbeitenden, bei dem ihr einfach zusammen baut: den höchsten Turm, den euer Gemeindezentrum je gesehen hat ... Szenen einer biblischen Geschichte ... einen Baustein-Käfig für den Gruppenleiter ... typische Szenen aus euren Gruppenstunden ... einen Halter für das Tablet oder Smartphone für alle Mitarbeitenden.

Je mehr Spaß ihr beim Bauen habt, desto bessere Ideen werdet ihr für die Kinder haben; umso begeisterter könnt ihr einladen – und am Ende werdet ihr eine tolle, gelungene, gesegnete Aktion erleben!

Herzlich willkommen, du Experte, du Expertin!
Und los geht's!

Heiko Metz

GRUNDLAGEN

FÜR BAUSTEIN-WELTEN

Ziele

von Heiko Metz

Wer in einer Gemeinde mit Kindern zusammenarbeitet, wünscht sich wohl landauf, landab Ähnliches. Sicher sind die konkreten Vorstellungen von einer gelungenen Veranstaltung oder einer guten Gruppenarbeit unterschiedlich. Ich erlaube mir aber einfach einmal zu unterstellen, dass uns Mitarbeitenden allen wichtig ist, Gottes Liebe so weiterzugeben, dass sie für andere erfahrbar wird – und diese Liebe immer mehr Menschen anzieht, die dann dasselbe Anliegen haben.

» Was ist deine Vision von einer Arbeit mit Kindern? Was ist dir besonders wichtig? Was treibt dich konkret an, mit Kindern unterwegs zu sein?

Können Programme rund um Bausteine dabei eine Hilfe sein? Wir meinen schon! Denn:

Wir erreichen Kinder, die sonst nicht in der Gemeinde vorkommen

Wollen wir Kinder begeistern, dann braucht es ein Angebot, das die Kinder sich selbst aussuchen würden, wenn sie die Wahl hätten. Etwas, das sie kennen und dennoch herausfordert. Etwas, wovon sie begeistert sind, was sie sich wünschen, vielleicht sogar etwas, von dem sie träumen. Ich glaube, dass schon an diesen einfachen Dingen viele Einladungen z. B. zur Jungschar der Gemeinde scheitern. Wer weiß schon, was eine Jungschar ist – außer denen, die schon in eine solche Gruppe gehen? Das heißt: Auch wenn das Programm toll, das Mitarbeiterteam nett und alles sonst super ist – als Einladung zum Kennenlernen und Begeistern taugt eher eine Aktion, die keine Erklärung benötigt. Bausteine kennen und lieben eigentlich alle. Gleichzeitig aber kennen alle auch den Frust, etwas mit Bausteinen bauen zu wollen, ein genaues Bild im Kopf zu haben, wie das fertige Gebilde aussehen soll – und kurz vor dem krönenden Abschluss sind die Steine alle. Das ist einfach unfassbar ärgerlich! Jetzt stell dir aber vor, es lädt dich jemand ein, nicht nur mit deinen geliebten Bausteinen zu bauen; nein, diese Person verspricht dir auch noch so viele davon, dass du alles bauen kannst, was dein Kopf sich vorstellen kann und du einfach nie vor einer leeren Kiste sitzen wirst. Ist das nicht der Hammer? Wenn das nicht einladend ist, dann weiß ich es auch nicht!

Wir machen etwas gemeinsam mit den Kindern, woran alle Spaß haben

Spielen macht Spaß. Gemeinsam mit vielen Kindern zu spielen, macht noch viel mehr Spaß. Wenn dann auch noch Erwachsene mitmachen, die nicht zu viel bestimmen wollen, sondern echte Spielpartner und Spielpartnerinnen sind, ist der Spaß kaum noch zu überbieten. Gemeinsam etwas zu erfinden (z. B. ein Gebäude, eine Brücke ...), zu bauen, dabei Ideen auszuprobieren, sich miteinander Lösungen zu überlegen und das Ergebnis zu feiern, ist ein tolles Erlebnis! Da braucht man keinem zu erklären, warum das Spaß macht – das spüren direkt alle gemeinsam. Und weil das auch den Mitarbeitenden so richtig Spaß macht, reißen sie die Kinder in ihrer Begeisterung gleich mit.

Wir beziehen Kinder aktiv mit ein und geben ihrer Kreativität und ihren Ideen großen Raum

Die Kinder werden herausgefordert, gemeinsam mit anderen Kindern z. B. eine Stadt zu bauen. Kinder lieben Herausforderungen, die ihre Fähigkeiten kitzeln, sie aber nicht überfordern. Ein großes Bauprojekt bietet hier viele Möglichkeiten, sich an verschiedenen Schwierigkeitsgraden zu versuchen, Bekanntes zu wiederholen oder ganz neu kreativ zu werden und den eigenen Ideen freien Lauf zu lassen. Auch wenn die Mitarbeitenden den Rahmen festlegen, ist das Ergebnis am Ende ein ganz eigenes Produkt der Kinder, in das sie viel Eifer, Überlegung und Arbeit gesteckt haben – etwas, auf das sie so richtig stolz sein können! So können Kinder erleben, dass jeder einzelne Bauarbeiter / jede einzelne Bauarbeiterin wichtig ist und mit seinem/ihrem Beitrag etwas zum großen Ganzen beitragen kann. Dies fördert neben der Kreativität auch die soziale Kompetenz der Kinder. Sie lernen, dass gegenseitige Rücksicht alle gemeinsam etwas gelingen lässt.

Wir kommen mit Kindern ins Gespräch und schaffen Raum für Beziehungen

Wir haben in der Arbeit mit Kindern mit der Baustein-Welt im EC Bayern an verschiedenen Orten festgestellt, dass es recht viele Kinder gibt, die es nicht gewohnt sind, dass Erwachsene Zeit für sie haben, dass da „Große" sind, die sich für ihre Geschichten interessieren, mit ihnen spielen wollen und ihnen Wertschätzung und Annahme entgegenbringen. Das ist unglaublich schade, weil klar ist, dass Kindern diese Aufmerksamkeit, Zeit und Zuwendung so guttut und sie diese brauchen. Deswegen ist eine der vordringlichsten Aufgaben von uns Mitarbeitenden, für die Kinder da zu sein und ihnen die Wertschätzung, Annahme und Liebe entgegenzubringen, die Gott ihnen geben möchte, die sie verdient haben. Das hat vor jedem Programm, aller Planung, aller Disziplin und sonstigen Erwägungen den Vorrang. Programme mit Bausteinen sind wie geschaffen dafür, viele Mitarbeitende zu involvieren, die einfach mitbauen und keine große Programmverantwortung haben müssen. Sie können ganz da sein – mit den Kindern, für die Kinder. Dabei entwickeln sich Gespräche fast von allein und es entstehen vielfältige Möglichkeiten, miteinander in Beziehung zu treten. Ich halte das für den größten Vorteil von Baustein-Welten. So fühlen Kinder sich wirklich willkommen und angenommen in unseren Gruppen und Häusern – vor allem aber bei „uns Menschen".

> „Darf ich morgen wirklich wiederkommen?" Die Augen des 9-jährigen Mädchens blicken mich vorsichtig hoffnungsvoll an. „Na klar! Wir freuen uns, wenn du wieder dabei bist!", sage ich und sehe eine Mischung aus Unglauben und Vorfreude auf ihrem Gesicht. Die Vorfreude siegt und Nina (Name geändert) hüpft fröhlich aus dem Gemeindehaus. Am Ende des nächsten Tages frage ich: „Und – sehen wir uns morgen zum Familiengottesdienst?" Da beginnt sie

plötzlich zu weinen. Ihre Eltern gehen nicht gern in Gottesdienste und wollen auch nicht, dass ihre Tochter bei so etwas mitmacht ... „Dabei war das doch das Schönste, was ich seit Weihnachten erlebt habe." Dass es zu diesem Zeitpunkt kurz nach den Sommerferien ist, lässt mich lange an Nina denken.

Wir bringen Kindern Gottes Liebe nah und machen sie neugierig auf Gott

Über den Spaß und das gemeinsame Erleben und sich Anfreunden hinaus hören die Kinder Geschichten von Gott, der ihnen auf kreative Weise vorgestellt wird – als ein Gott, der auch an ihnen interessiert ist, der Zeit für sie hat und sie annimmt. Der sie genau so zusammengebaut hat, wie sie sind. Der weiß, was für tolle Talente in ihnen stecken und was sie alles schaffen können. Dabei können die Bausteine als Brücke dienen, um Kindern entdecken zu helfen, dass der größte Baumeister aller Zeiten ihr Freund sein will.

Wir bieten Anknüpfungspunkte für die Eltern und schaffen Raum für Beziehungen

Wie gern würden wir in unserer Gruppenarbeit auch immer wieder mal die Eltern der Kinder erreichen – nicht nur bei der jährlichen Kindergottesdienst-Theateraufführung, sondern so richtig. Das scheint aber oft schwierig bis unmöglich, vor allem bei Eltern, die keine Gemeinde besuchen, vielleicht gar keine Berührungspunkte mit Christen haben – außer dem Besuch ihres Kindes bei einer eurer Baustein-Veranstaltungen. Auch hier bieten Bausteine tolle Möglichkeiten. Schließlich waren Eltern ja auch mal Kinder, haben früher gern gebaut (und würden vielleicht auch heute gern noch mal bauen) und sind wie ihre Kinder fasziniert von einem großen Haufen an Bausteinen, der unbegrenzte Möglichkeiten bietet ... Am Ende ist es bei den Eltern nur wenig anders als bei den Kindern – und das bisher hier Geschriebene gilt auch für sie.

Wenn die große Stadt aus den bunten Hartplastikbausteinen fertig gebaut und ausführlich bestaunt und abgelichtet ist, bleibt natürlich immer das Aufräumen über. Alles muss auseinandergenommen und so verpackt werden, dass auch beim nächsten Einsatz alles wieder an seinem Platz ist. Hier laden wir die Eltern ein mitzuhelfen. Erstaunlich oft lassen sich einige dafür gewinnen und sind dann mit Feuereifer dabei. Ein Vater gestand mir dabei einmal: „Ihr wart ja letztes Jahr schon mal hier und ich hab zufällig beim Abbau helfen können. Dieses Jahr hab ich extra einen Termin auf der Arbeit verschoben, damit ich wieder helfen kann. Das ist einfach so schön!"

» Würdest du Ziele, die dem Erreichen deiner Vision dienen, ähnlich formulieren? Was würdest du anders ausdrücken? Fehlt dir etwas? Formuliere doch einmal Ziele für dich und spüre ihnen beim weiteren Lesen nach. Wie kann der Einsatz von Bausteinen beim Erfüllen deiner Ziele helfen?

So weit, so gut – werden wir einmal ein bisschen konkreter:

Die Bausteine

von Heiko Metz

Bausteine gibt es ja viele in den unterschiedlichsten Formen und Größen. Ziegelsteine, Holzklötze, Betonbausteine ... Wenn wir hier von Bausteinen reden, meinen wir entweder Holzbausteine, die klassisch folgende Maße haben: Höhe 8 mm x Breite 23 mm x Länge 118 mm (Stefan Kaiser stellt im Kapitel „Woody Town“ ab Seite 32 ein Projekt vor, das Holzklötze mit anderen Maßen verwendet) oder die bunten Hartplastikbausteine.

Bunte Hartplastikbausteine? Haben die nicht einen Namen? Vielleicht hast du dich das beim Lesen bis hierher schon öfter gefragt – jetzt folgt die Aufklärung: Im alltäglichen Sprachgebrauch nutzt niemand den Begriff „Hartplastikbausteine“ – ich kenne niemanden, der nicht instinktiv LEGO®-Steine sagen würde. Das tun wir hier nicht, weil wir uns an die Regeln zum Thema Markenschutz halten wollen, auf die die Firma zu Recht auf ihrer Internetseite unter dem Stichwort „Fair Play“ hinweist. Deswegen bezeichnen wir diese Steine hier als bunte Hartplastikbausteine oder einfach bunte Bausteine.

» Jeder, der sich mit dem Gedanken trägt, eine Aktion mit den bunten Bausteinen zu starten, sollte sich diese Fair-Play-Regeln aufmerksam durchlesen und sie bei der Werbung, dem Veranstaltungsnamen und bei Presseberichten beherzigen. Und das nicht nur, weil man empfindliche Strafen erhalten kann, wenn man allzu sorglos damit umgeht. Am besten wirst du mit deinem Team kreativ und ihr denkt euch eindeutige Namen und Bezeichnungen aus, mit denen man auf die Nennung des Firmennamens verzichten kann. Deswegen heißen größere, schon bestehende Projekte z. B. Baustein-Welt oder Baustein-Stadt. Euch fällt sicherlich auch ein toller Name ein!

Holzbausteine

Mit Kindern Holzbausteine zu verbauen und mit ihnen zu spielen, ist etwas ganz Besonderes. Kinder entdecken beim Bauen mit Holzbausteinen ganz neue kreative Ideen. Da es bei den Holzbausteinen keine Vorgaben gibt, wie etwa bei Hartplastikbausteinen, können die Kinder hierbei ganz eigene Ideen entwickeln und umsetzen. Ebenso sind die Geschicklichkeit und die Konzentration der Kinder gefordert. Einen runden oder eckigen Turm bekommen alle hin. Eine Kurzbaubeschreibung von solchen Grundbaumodellen findest du im Kapitel „Megabaustelle“ auf Seite 52. Herausfordernder ist es dann schon, z. B. berühmte Bauwerke mit den Kindern nachzubauen, wie etwa den Eiffelturm oder die Tower Brigde.

Es lässt sich mit diesen einfachen Holzbausteinen aber auch wirklich fast alles bauen: hohe Türme, berühmte Gebäude, Ritterburgen, Stadien, nachgebaute Wohnzimmer-

möbel und vieles mehr. Schnell entstehen dabei neue Welten, die so groß sind, dass Kinder darin wirklich eintauchen können – etwa, wenn der Turm über die eigene Nasenspitze hinausragt oder ein Sessel gebaut wird, auf dem man wirklich sitzen kann. Die Holzbausteine fördern so die Vielseitigkeit, können Kinder sinnvoll beschäftigen, helfen ihnen, ein Gefühl für Gewicht und Größe zu entwickeln und spielerisch etwas über Statik und Stabilität zu lernen. So machen Kinder ganz nebenbei mathematische und naturwissenschaftliche Grunderfahrungen.

Über das Bauen hinaus gibt es viele interessante und trotzdem einfache Spiele, die man mit den Holzbausteinen ausprobieren kann. Zum Beispiel können die Kinder Zielschießen spielen. Man stellt zwei oder drei unterschiedliche Gefäße auf und gibt jedem Kind eine bestimmte Anzahl von Steinen. Diese muss es versuchen, in die Gefäße zu werfen, um dafür Punkte zu bekommen. Um die Geschicklichkeit zu fördern, kann man mit den Kindern Domino Day spielen. Es wird eine möglichst lange Domino Reihe aufgebaut und später umgeworfen. Ein Spiel, das bei den Kindern immer wieder gut ankommt, heißt „Schneller". Dabei bauen die Kinder schnellstmöglich in 2 Minuten einen hohen Turm. Wer den höchsten Turm gebaut hat, hat gewonnen. Es lässt sich auch einfach eine Murmelbahn bauen (oder eine Bahn für größere Bälle) und damit um die Wette spielen.

» Hast du als Kind mit Holzbausteinen gespielt? Erinnerst du dich, was dir daran gefallen hat? Was du gern damit gebaut hast? Was dich begeistert hat und die Kinder heute ebenso mitreißen könnte? Unser halbjähriger Sohn hat schon angefangen, Bausteine für sich zu entdecken – kleine aufgebaute Türme stößt er laut glucksend um. Vielleicht musst du also auch etwas weiter zurückdenken.

Holzbausteine sind vor allem deswegen toll, weil sie ...

- leicht zu bekommen oder auch in Masse selbst „herzustellen" sind.
- aus natürlichem Material und damit schadstofffrei, nachhaltig und ökologisch sinnvoll sein können.
- innen wie außen ohne Einschränkung nutzbar sind.
- als dreckunempfindlich gelten können.
- ziemlich robust sind und fast alles aushalten, was Kindern so einfällt.
- sich äußerst flexibel zusammensetzen lassen und viel Freiraum zum Bauen bieten.
- sich schnell große Gebilde damit bauen lassen.
- dazu anregen, dass Jung und Alt gemeinsam miteinander spielen und bauen.
- flexibel auch für Spiele oder Legebilder am Boden eingesetzt werden können.
- einfach aufzuräumen sind.

Kommen wir nun zu den bunten Hartplastikbausteinen. Das ist auch ein ganz logischer Weg, denn die Firma, die uns heute die vielen bunten Bausteine beschert, hat mit der Herstellung von Holzbausteinen für Kinder begonnen.

Bunte Hartplastikbausteine

Im klassischen Kinderzimmer zieren die kleinen Tonnen mit Holzbausteinen eher in jüngerem Alter die Regale – ältere Kinder haben zusätzlich auch kistenweise bunte Hartplastikbausteine, mit denen sie sich eigene Welten konstruieren.

Mit Kindern gemeinsam mit den bunten Bausteinen zu bauen, ist eine spannende und freudige Angelegenheit. Durch die verschiedenen Größen, Farben und Formen der Hartplastikbausteine sind unglaublich viele Möglichkeiten gegeben, ein- und dieselbe Sache zu bauen. Ein einfaches kleines Häuschen kann in unterschiedlichen Farben, Bautechniken, mit verschiedenen Dachstühlen, Fenstern, Türen, mit oder ohne Balkon, Vorgarten, Schornstein oder Satellitenschüssel auf dem Dach gestaltet werden. Hier sind Vorstellungsvermögen, räumliches Denken, etwas Vorausplanung und viel Kreativität gefordert. Gleichzeitig lernen Kinder, dass es viele Wege zum selben Ziel gibt. Natürlich lässt sich nicht nur eine „Sorte von Haus“ bauen, sondern Bahnhöfe, Schwimmbäder, Hochhäuser, Schulen, Einkaufsmeilen, Döner- und Handyläden. Aber damit noch nicht genug: Brücken, Schienen, Autos, Flugzeuge, Schiffe, Gärten, Züge für Bahnhof und Schienen sind genauso schnell gebaut – mit fertigem Bausatz oder frei nach Schnauze. Und ruckzuck ist eine große Stadt entstanden, in der man mit den vielen, verschiedenen Figuren auch noch spannende, lustige, traurige und bewegende Situationen nachstellen und -spielen kann. Durch viele Detailsteinchen, wie ein Brathähnchen zum In-die-Hand-Nehmen, Handys für die Bausteinbewohner oder Lampenschirme für das Wohnzimmer, lässt sich jeder Situation in der Stadt eine ganz persönliche Note verleihen. Die Kinder können ihre Stadt genau so gestalten, wie sie es sich vorstellen, gut finden oder gern einmal erleben würden – bis in die letzte Kleinigkeit hinein. Eine große Stadt aus bunten Bausteinen mit richtig viel Liebe gemacht und Leben darin – das ist eine beeindruckende Sache. Stundenlang könnte man da spielen und kleine Details entdecken – einfach toll! Aber es muss natürlich keine Stadt sein. Letztendlich gibt es fast nichts, was man nicht mit den bunten Bausteinen nachbauen könnte – wenn man denn eine Idee hat, wie man das Ganze konstruieren kann, etwas Geduld mitbringt und der Steinvorrat groß genug ist.

Natürlich lässt sich auch mit den bunten Bausteinen so einiges über das Bauen hinaus anfangen: Wurf- und Transportspiele; Spiele, die das möglichst schnelle Nachbauen bestimmter Vorgaben (Art, Anzahl, Farben und Zusammensetzung einer kleinen Skulptur) zum Ziel haben; oder die Nutzung der Hartplastikbausteine, um z. B. Schmuck daraus zu basteln (siehe Kapitel „Baustein-Welten – eine Kinderwoche“, Seite 71). Zudem gibt es die Möglichkeit der Erweiterung und Spezialisierung auf bestimmte Baureihen der Hartplastikbausteine: So gibt es eine Reihe mit größeren Steinen für jüngere Kinder, eine Technikbaureihe für Ältere, mit der hydraulische oder elektrisch betriebene Geräte und kleine Roboter gebaut werden können, und vieles mehr.

» Hast du als Kind mit Hartplastikbausteinen gespielt und gebaut? Was hast du am liebsten gehabt? Welche Bauwerke konntest du nur sehr schweren Herzens wieder einreißen? Was wolltest du früher immer einmal bauen, aber es haben immer die passenden Steine gefehlt?

Zu einem Baustein-Welten-Wochenende in Bayern kam einmal ein 12-jähriger Junge, der mir direkt ein zusammengerolltes Blatt in die Hand drückte. Auf dem Blatt war ein Haus aufgezeichnet – aber nicht irgendein Haus, sondern das Rathaus der Stadt. Er teilte mir mit, dass er dieses Rathaus mit allen Türmchen und Schnörkeln schon immer mal bauen wollte, aber einfach nicht die richtigen Steine dafür hätte. Deswegen wäre er jetzt hier. Er hat sich zusammen mit einigen anderen das ganze Wochenende liebevoll um sein Rathaus gekümmert – und, was soll ich sagen? Am Ende war das Baustein-Welten-Rathaus eine ziemlich gute Kopie des echten und der Junge strahlte über das ganze Gesicht.

Bunte Hartplastikbausteine sind vor allem deswegen toll, weil ...

- sie fast bei jedem Kind zu Hause anzutreffen sind und so jeder ein wenig Erfahrung im Bauen und Konstruieren mit den Steinen mitbringt.
- es durch die vielen Formen, Farben und Größen schier unendlich viele Baumöglichkeiten gibt.
- sie gebaut zusammenhalten. Dies verspricht Stabilität und ermöglicht es den Kindern, mit gebauten Gegenständen zu spielen – sprich: das gebaute Flugzeug kann auch wirklich abheben.
- sie als dreckunempfindlich gelten können.
- sie fast nicht kaputt zu kriegen sind.
- der Schwierigkeitsgrad leicht veränderbar ist und so Anfänger und Profis gemeinsam bauen können, ohne dass Überforderung oder Langeweile auftreten (hierdurch lässt sich eine Aktion auch sehr zielgenau auf eine Zielgruppe hin vorbereiten).
- sie recht leicht und eher klein sind, sodass sie sich auch in großer Menge noch gut transportieren lassen.
- sie flexibel auch für Spiele oder Bastelaktionen eingesetzt werden können.

Für beide „Sorten“ von Bausteinen gilt: Sie haben einen hohen Aufforderungscharakter. Kaum jemand kann an vielen Bausteinen einfach so vorbeigehen. Fast jeder verspürt sofort den Drang, etwas zu bauen, zu konstruieren und freut sich schon vor dem Start auf den lautstarken Ausruf, der alle Blicke in die eigene Richtung lenkt: Guckt mal, was ich gebaut hab!

Mit wie vielen Bausteinen kann man loslegen?

Das hört sich nach einer einfachen Frage an. Es gibt aber keine einfache Antwort. Grundsätzlich hängt die nötige Menge der Steine mindestens von folgenden Faktoren ab:

- Wie viele Kinder sollen mitbauen?
- Wie erfahren sind die Kinder als Baumeister (wie schnell können sie also Bausteine verbauen)?
- Was soll gebaut werden? Wie ist der Schwierigkeitsgrad der zu bauenden Gegenstände?
- Wie viele Mitarbeitende habe ich für mein Programm zur Verfügung, wie viel Hilfestellung und/oder neue Herausforderung kann ich den Kindern dadurch bieten?
- Wie lang soll das Programm dauern?

Das bedeutet:

Mit fünf eher unerfahrenen Baumeistern/Baumeisterinnen, die einfach mal drauflosbauen sollen, braucht es vielleicht schon eine Badewanne von Holzbausteinen, um die Kinder zu beschäftigen. Gebe ich denselben Baumeistern/Baumeisterinnen aber spezielle Bauaufgaben (z. B. das Nachbauen eines Gebäudes von einem Bild), kann ich die Kinder auch schon mit ein paar Holzbausteinen eine lange Zeit beschäftigen. Da die Holzbausteine alle gleich groß sind und auch farblich gleich aussehen, kann aber grundsätzlich mit einer recht kleinen Menge schon begonnen werden.

Bei den bunten Hartplastikbausteinen ist etwas mehr Vorüberlegung gefragt – vor allem, wenn es um die Frage geht, was gebaut werden soll. Mit den Grundbausteinen lässt sich eine ganze Menge konstruieren und bauen. Wenn ich für mein Haus aber richtige Fenster und Türen will und das Dach vielleicht auch mit entsprechenden Dachsteinen gedeckt werden soll – dann brauche ich eben diese Steine auch in ausreichender Menge, bevor es so richtig losgehen kann. Sollen sogar Bausätze nach Anleitung gebaut werden, ist es wichtig, dass auch wirklich alle Steine des Bausatzes vorhanden sind – ansonsten gibt es am Ende Frust, wenn einzelne Steine fehlen und das Gebäude o. Ä. nicht fertig gebaut werden kann (siehe Hinweise zur „Sortierung“, Seite 25). Auch hier gilt: Beim freien Bauen können schnell viele Steine verbaut werden – beim Bauen nach Anleitung oder bei einer bestimmten Bauaufgabe (in einer bestimmten Art und Weise) ist der entscheidende Faktor die Komplexität der Anleitung bzw. der Aufgabe.

» Tipp: Gegen den unnötigen Verbrauch von vielen Bausteinen kann man sich durch eine einfache Bauregel wehren: Türme, Häuser usw. sind innen immer hohl! Kinder neigen unter Umständen dazu, den großen Turm, der höher als sie selbst werden soll, von oben bis unten mit Steinen ausgefüllt zu bauen. Mit ein bisschen Hilfe und Anleitung können genauso hohe und genauso stabile Türme gebaut werden, ohne dass sie zum „Klötzchengrab" werden.

Das bedeutet ganz allgemein gesagt:

- Je größer die Menge der Bausteine und damit auch die Möglichkeiten, desto mehr Kinder können zusammen bauen, desto länger kann gebaut werden und umso eindrucksvoller ist das Ergebnis. Eine Stadt aus bunten Bausteinen, an der ungefähr 100 Kinder ein ganzes Wochenende gebaut haben, sieht einfach bombastisch aus.
- Je weniger Erfahrung du selbst und die Mitarbeitenden mit solchen Bauprojekten haben, desto weniger Steine und Kinder sollten es für die ersten Versuche sein. So bekommt ihr ein Gefühl dafür, wie schnell Kinder bei welchen Aufgaben, Bauwerken oder Bauwettbewerben wie viele Steine verbauen. Und ihr lernt, wie ihr die Kinder herausfordern könnt, begonnene Bauwerke stabiler zu machen und zu verfeinern, um sie so am zu schnellen „Verbrauch" zu vieler Bausteine zu hindern. Auch wenn eine riesige Baustein-Stadt imposant ist – dem Spaß beim Bauen tut es keinen Abbruch, wenn ihr zu Beginn erst mal nur eine kleine Siedlung mit den Kindern baut. Zum Start und für eine Aktion in der Jungschar für einen Nachmittag sollte die Menge an Steinen reichen, die man sich im Bekanntenkreis zusammenleihen kann.

» Meine grobe Berechnung sah so aus:
Platte: 6 Reihenhäuser – 6 Kinder mit 2 Stunden Bauzeit
Platte: 6 Reihenhäuser – 6 Kinder mit 2 Stunden Bauzeit
Platte: Feuerwehr/Krankenstation – 2 Kinder mit 2 Stunden Bauzeit
Platte: 6 Reihenhäuser – 6 Kinder mit 2 Stunden Bauzeit
Platte: Flughafen – 4 Kinder mit 2 Stunden Bauzeit

Das gibt zwar keine ganz konkrete Aussage über die Steinmenge, aber einen guten Anhaltspunkt. Für mehr Kinder kann die Rechnung erweitert werden.

Wo sollen die ganzen Bausteine herkommen?

Egal um welche Bausteinsorte es sich handelt, einige Leute aus dem Verwandten-, Bekanntenkreis und Gemeindeumfeld haben ganz bestimmt Bausteine übrig, die sie gern verleihen – oder besser noch – für ein tolles Projekt mit Kindern spenden wollen, z. B. weil sie sie selbst nicht mehr benötigen. Beim Leihen ist zu bedenken, dass es schwierig werden wird, die Bausteine am Ende wieder auseinander zu sortieren – hier ist eine gute Absprache nötig, was unter „Leihen" verstanden wird. Frag einfach mal rum. Du wirst erstaunt sein, wie viele Steine du auf diesem Weg zusammenbekommst.

Speziell bei den Holzbausteinen gibt es natürlich auch die Möglichkeit, eine Schreinerei aus Resthölzern passende Bausteine anfertigen zu lassen oder Restbestände von Parkettfirmen geschenkt zu bekommen.

Kaufen lassen sich die Steine natürlich auch – bei den bunten Bausteinen dürfte allen bekannt sein, dass dies nicht ganz billig ist – doch auch Holzbausteine, die man über den Handel erwirbt, haben einen recht stolzen Preis. Aber vielleicht mag der ein oder andere aus der Gemeinde einmal einen Satz Bausteine oder einen Bausatz für das neue Kinderprojekt spenden? Wir haben immer wieder tolle Erlebnisse mit Menschen gemacht, die selbst gern gebaut haben und es den Kindern einfach von Herzen gönnen, mit vielen Bausteinen eine tolle Zeit zu erleben!

» Tipp: Achte gleich zu Beginn darauf, dass eure Bausteine gut gelagert werden, und denk an entsprechend stabile Kisten (mit Deckel) und Regale, in denen die Kisten Platz finden können. Wenn möglich sollten die Kisten genormte Größen haben und stapelbar sein. Das erleichtert Lagerung, Transport und Auf- und Abbau ungemein.

Natürlich müssen du und dein Team auch nicht alles selbst kaufen und haben – schließlich gibt es einige Projekte, die schon richtig viele Steine gesammelt haben und mit ihren Steinen, einem bunten Programm und tollen Ideen gern eure Gemeinde besuchen und euch bei einer großartigen Aktion unterstützen – oder ihre Steine für ein Projekt in eurer Gemeinde verleihen.

Im zweiten Teil des Buches stellen einige Baustein-Profis ganz konkret und praktisch verschiedene Einsatzmöglichkeiten von Holz- und Hartplastikbausteinen in und um Gemeinden vor. So kannst du nicht nur Ideen für eigene Aktionen bekommen, die du so oder ähnlich gestaltest, sondern einige Projekte und auch die Leute, die dahinter stehen, schon einmal ein wenig kennenlernen.

Wenn du dann mit einem dieser Projekte in die Baustein-Welt starten willst, melde dich bei folgenden Kontaktadressen. Dort freut man sich auf dich! Sollte nichts in deiner Nähe dabei sein, mach dich noch einmal selbst im Netz auf die Suche – diese Liste erhebt keinesfalls den Anspruch, vollständig zu sein. Dort kannst du auch weitere Informationen zu den Projekten und der Organisation einer gemeinsamen Aktion finden.

Kontaktadressen für Holzbausteine

Megabaustelle der Kinderzentrale (KidZ) der Liebenzeller Mission
Liobastraße 11, 75378 Bad Liebenzell
www.liebenzell.org, www.megabaustelle.de

Woody Town der EC Chrischona Jugend (ECJA) e. V.
Am Flensunger Hof 10, 35325 Mücke/Flensungen
www.ecja.de

Holzbauwelt des Bibellesebund Deutschland e. V.
Auf der Brück 46, 51645 Gummersbach
www.bibellesebund.de

HolzBauWelt des Bibellesebund Schweiz
Industriestrasse 1, Postfach, 8404 Winterthur, Schweiz
www.bibellesebund.ch

Bau-Schlau der Kinder-Evangelisations-Bewegung (KEB) Chemnitz
Daniel & Marit Unger, Hartensteiner Str. 150B, 09366 Stollberg OT Oberdorf
E-Mail: unger@danielundmarit.de

... und viele mehr.

Kontaktadressen für bunte Hartplastikbausteine

Bibellesebund Schweiz
Industriestrasse 1, Postfach, 8404 Winterthur, Schweiz
www.bibellesebund.ch

BricksforKids an verschiedenen KEB-Standorten
www.bricksforkids.de, www.keb-ruhrgebiet.de

Bausteinewelt des Bayerischen Jugendverbands „Entschieden für Christus" (EC) e. V.
Oberschlauersbach 31, 90599 Dietenhofen
www.ec-bayern.de

Bibelbauten
Gabriel Möbius, Kanalstr. 34, 19288 Ludwigslust
www.bibelbauten.de

Sächsischer Jugendverband EC
Hans-Sachs-Straße 37, 09126 Chemnitz
www.ec-sachsen.de

EC-Verband für Kinder- und Jugendarbeit Sachsen-Anhalt e. V.
Bülstringer Straße 42, 39340 Haldensleben
www.ecsa.de

Kinder bauen – Jugendwerk der Evangelischen Gesellschaft für Deutschland
Telegrafenstraße 59-63, 42477 Radevormwald
www.egfd.de, www.juwerk.de

Bautage – Arbeitsbereich Kinder des Bund FeG in Deutschland KdöR
Goltenkamp 4, 58452 Witten
www.feg.de

Das kunterbunte Kinderzelt e. V.
Hinkelhofer Straße 3, 36381 Schlüchtern
www.daskunterbuntekinderzelt.de

Die Apis. Evangelischer Gemeinschaftsverband Württemberg e. V.
Furtbachstraße 16, 70178 Stuttgart
www.die-apis.de

Forum Wiedenest e. V., Referat Kids, Jungschar & Teens
Eichendorffstraße 2, 51702 Bergneustadt
www.jugendforumwiedenest.de

... und viele mehr.

Bevor du aber weiterblätterst zu den Praxisideen im zweiten Teil des Buches, gebe ich dir noch eine kleine Übersicht, was dich erwartet und was du wo finden kannst:

Wie können Bausteine in der und um die Gemeinde eingesetzt werden?

- **Aktionstage und Wochenenden:** Dies sind konzentrierte Aktionen, mit denen du und dein Team viele Kinder einladen und ihnen eine tolle Zeit schenken könnt. Diese Aktionen werden gern mit einem Familiengottesdienst gemeinsam mit den Eltern und der großen Bauwerksbesichtigung abgeschlossen. Mehr dazu findest du im Kapitel „Familienolympiade“, ab Seite 59 und Kapitel „Baustein-Welten – ein Wochenende“, ab Seite 62.
- **Freizeiten:** Für eine Freizeit kann man die Kinder und Mitarbeitenden Ideen und Bausteine verschiedener Projekte und Gemeinden sammeln lassen, damit im Rah-

men einer intensiven Woche etwas Großes entworfen und gebaut werden kann (siehe Kapitel „Baustein-Welten – eine Freizeit", ab Seite 76).

- **Kinderbibelwochen und Familiengottesdienste:** Sie sind sozusagen der Klassiker von einladenden Kinderaktionen. Eine Kinderbibelwoche lässt sich durch den Einsatz von Bausteinen so richtig aufmischen. Auch hier eignet sich ein Familiengottesdienst oder ein Familiennachmittag als Abschluss gemeinsam mit den Eltern. Dazu findest du gleich an mehreren Stellen weiterführende Informationen (siehe Kapitel „Megabaustelle", ab Seite 47, Kapitel „Baustein-Welten – eine Kinderwoche", ab Seite 69 und Kapitel „Die Baustein-Stadt", ab Seite 82).
- **Missionarische Einsätze:** Auch außerhalb der Gemeinde lassen sich Bausteine auf Marktplätzen usw. nutzen, um Kinder wie Erwachsene anzuziehen, zu begeistern und mit ihnen ins Gespräch zu kommen (siehe Kapitel „Woody Town", ab Seite 32).
- **Gruppenprogramm:** Natürlich kann man Bausteine auch wunderbar in das normale Gruppenprogramm einbinden (siehe Kapitel „L. trifft B. – Und mit wenig Kindern?", ab Seite 89).

Welche grundsätzlichen Möglichkeiten der Programmgestaltung gibt es?

Ganz bestimmt gibt es auch hier viel mehr Möglichkeiten, als dieses Buch fassen kann. Aber die folgenden Möglichkeiten finde ich wichtig:

- **Frei bauen** – erklärt sich von selbst: Die Kinder bauen. Frei. Das, was ihnen einfällt und Spaß macht. Das sollte in jedem Projekt mindestens phasenweise immer wieder möglich sein. Hier kommt die Kreativität der Kinder so richtig zum Tragen und du darfst gespannt sein, welche tollen Ideen in den Kindern stecken (siehe z. B. Kapitel „Woody Town", ab Seite 32 und Kapitel „Die Baustein-Stadt", ab Seite 82).
- **Thematisch bauen** – hier lassen sich viele Variationen finden: Alle bauen gemeinsam an einer Ritterburg, einer Stadt, einem Zoo oder es gibt Bauaufgaben wie den Nachbau eines Gebäudes, eines Fahrzeugs o. Ä. Hier werden die Kinder stärker auf ein gemeinsames Ergebnis hin gelenkt. Auch das ist im Laufe eines jeden Projektes wichtig: Am Ende sollte ein gemeinsames Ergebnis da sein, auf das alle stolz sein können und bei dem jeder weiß, dass er dazu einen wichtigen Teil beigetragen hat (siehe Kapitel „Baustein-Welten", ab Seite 62).
- **Biblisch bauen** – eine besondere Form des thematischen Bauens: Gemeinsam können Szenen biblischer Geschichten nachgebaut werden oder der Bauprozess wird in die Geschichte mit einbezogen. Jörg Bartoß zeigt dies am Beispiel der Geschichte von Nehemia und dem Mauerbau Jerusalems im Kapitel „Megabaustelle", ab Seite 47. Kinder können mit den Bausteinen wirklich eine Mauer bauen und so tief in die biblische Geschichte einsteigen (siehe auch Kapitel „L. trifft B. – Und mit wenig Kindern?", ab Seite 89). Dadurch lässt sich der Bauprozess mit der biblischen Geschichte in vielfältige Berührung bringen.

Noch etwas zu den Rahmenbedingungen

von Heiko Metz

Welche Kinder machen bei Baustein-Welten gern mit?

Grundsätzlich Kinder im Alter von 6 bis 12 Jahren! Es ist gut, wenn die Kinder schon lesen können, dann können sie leichter bei den Liedern mitsingen und sich bei Leseaufgaben in den Kleingruppen beteiligen. Grundsätzlich macht es allen Kindern Spaß, mit Bausteinen zu bauen, ob jüngere Kinder gerade einen Reitstall bauen oder 12-jährige Jungs das höchste Hochhaus aufrichten, bei den Baustein-Welten ist für jedes Kind etwas dabei.

Vom Alter her gesehen lassen sich mit Holzbausteinen leichter die verschiedensten Zielgruppen ansprechen. Sowohl einzeln als auch miteinander können schon ältere Kindergartenkinder bis hin zu Senioren mit Bausteinen viel Spaß haben und Wunderbares bauen. Stefan Kaiser weist darauf in seinem Entwurf für einen Familiengottesdienst hin (siehe Kapitel „Woody Town", ab Seite 32) und Jörg Bartoß zeigt, wie Familien altersübergreifend gemeinsam mit Holzbausteinen spielen können (siehe Kapitel „Megabaustelle", ab Seite 47).

Bei den bunten Hartplastikbausteinen ist die Altersspanne fester. Der Bau einer Baustein-Stadt und das hier vorgestellte Rahmenprogramm eignen sich am besten für Kinder zwischen 8 und 12 Jahren. Dies zeigt sich letztlich in allen folgenden Praxisentwürfen.

» Tipp: Wenn jüngere Geschwisterkinder bei unseren Projekten dabei waren, haben wir immer wieder gemerkt, dass Kinder unter 6 Jahren mit dem Programmablauf, der nötigen Selbstorganisation und der baulichen Herausforderung schnell überfordert sind – Teenager dagegen langweilen sich schnell. Gerade für die älteren Kinder lässt sich eine Baustein-Stadt aber auch attraktiv gestalten, indem z. B. Elemente aus der Technik-Reihe eingesetzt werden, in der fertigen Stadt ein Baustein-Film gedreht wird o. Ä.

In letzter Zeit haben wir auch gute Erfahrungen mit Kindern mit Migrationshintergrund oder Kindern aus Krisengebieten gemacht. Oft noch fehlende Sprachkenntnisse und die fremde Kultur werden durch das Bauen überbrückt und die Kinder erleben ein Zugehörigkeitsgefühl, was Grenzen abbaut.

Wie viele Mitarbeitende werden gebraucht?

Wenn die Kinder sich nun begeistert einladen lassen, braucht es ja auch eine Grenze, wie viele Kinder mitmachen können. Diese Grenze geben zum einen der Raum und die Anzahl der Bausteine vor (siehe unten), zum anderen ist die Anzahl der Mitarbeitenden entscheidend.

Bei der Baustein-Welt lassen sich gut Leute jeden Alters fragen, die am besten mindestens zwei Jahre älter als die Kinder sind. Vielleicht helfen 14-jährige Konfirmanden beim Bauen mit und einer der Senioren hilft Bausteine zu sortieren?

> **» Als Faustregel kann gelten: Pro fünf erwartete Kinder sollte ein Mitarbeiter oder eine Mitarbeiterin dabei sein.**

Jedoch sollte man beachten, dass die Anzahl der Mitarbeitenden mit dem Alter der Kinder variiert: Je jünger die Kinder sind, desto mehr Hilfe brauchen sie beim Bauen. Daher ist es hilfreich, das Alter der Kinder anhand einer Anmeldung zu erfassen, um so die Anzahl der Mitarbeitenden darauf abzustimmen.

> **» Tipp: Nicht alle müssen erfahrene Mitarbeiter/Mitarbeiterinnen aus dem Kinderbereich sein. Mit Kindern bauen, spielen und ins Gespräch kommen kann so ziemlich jeder/jede, der/die Kinder mag. Habt Mut, hier viele Jugendliche, Senioren usw. anzufragen – vielleicht bleibt euch ja sogar jemand für die Gruppenarbeit erhalten? Wenn ihr zur Vertiefung der biblischen Geschichte und Anwendung auf das Leben der Kinder in Kleingruppen arbeiten wollt, empfiehlt sich ein Schlüssel von einem Mitarbeiter / einer Mitarbeiterin auf acht Kinder. Diese sollten schon etwas mehr Erfahrung in der Arbeit mit Kindern mitbringen (siehe Hinweise im Kapitel „Baustein-Welten“, ab Seite 62).**

Wichtig ist, dass sich alle Mitarbeitenden bereits im Vorfeld verdeutlichen, dass wir zum Teil Kinder vor uns haben, die die Regeln und Abläufe einer Kinderstunde oder Jungschar nicht kennen. Das gilt es unbedingt zu beachten!

Wie organisiere ich das Bauen?

Raum- und sonstiger Platzbedarf

Damit nicht nur das Bauen, sondern auch die thematischen Einheiten reibungslos ablaufen, ist es hilfreich, wenn es dafür jeweils getrennte Räume gibt. So lenkt die Kinder beim Programm nicht das halb fertige Haus ab, das weitergebaut werden will, und sie können sich leichter auf Lieder, Spiele und Geschichten einlassen. Stehen keine separaten Räume zur Verfügung, macht es Sinn, Bühne und Baubereich so aufzubauen, dass die Kinder beim Bühnenprogramm mit dem Rücken zu den Bautischen sitzen. Daneben ist es gut, wenn man sich überlegt, welche organisatorischen Möglichkeiten es für einen Snack oder das Mittagessen gibt.

Wer mit Holzbausteinen baut, braucht im Baubereich möglichst viel freie Fläche. Wer mit Plastikbausteinen baut, braucht jede Menge gleich hoher Tische für die Stadt oder die Szenen an sich sowie separate Tische zum Bauen. Dazu kommen Tische oder Stühle für die Steinausgabe, auf denen die Kisten mit den Bausteinen stehen.
Wie viele Tische benötigt werden, hängt von der Kinderanzahl und damit der zu erwartenden Größe der Stadt oder anderer Bauwerke ab.

» Als Faustregel für die ungefähr benötigten Tische kann gelten:
- **Breite: ca. 1,5 m**
- **Länge: bis etwa 40 Kinder mindestens 5 m / bis etwa 55 Kinder 6 m / bis etwa 65 Kinder 7 m**
- **5 Tische zur Steinausgabe (und zum Bau einzelner Bauwerke wie Häuser)**
- **weitere Bautische (etwa 1 Tisch pro 6 Kinder)**

» Tipp: Wie viele Räume haben du und dein Team, die ihr für eine Baustein-Welt nutzen könnt? Wie viel Quadratmeter hat euer größter „Bauraum"? Lässt sich vielleicht ein größerer Raum in der Nähe anmieten, falls nötig? Wie viele Tische habt ihr zur Verfügung? Wo könntet ihr vielleicht noch welche leihen?

» Übrigens: Wenn die Tische, die als Ausstellungsfläche dienen sollen, etwas wacklig sind, hat es sich bewährt, die Tische mit Packgurten festzuzurren. Dann wackelt nachher nichts an der fertigen Stadt und zerstört im letzten Moment die mühevolle Kleinarbeit.

Neben der Menge der Bausteine bestimmt somit die Größe des Raumes die mögliche Anzahl an Kindern. Mit vielen, vielen Bausteinen und einem großen Raum mit vielen Tischen lassen sich mehr Kinder einladen, als wenn die Räumlichkeiten recht klein sind.

Sortierung

Holzbausteine brauchen nicht sortiert zu werden – sie können einfach aus den Boxen gekippt und hinterher wieder hineingeworfen werden. Bei den bunten Hartplastikbausteinen ist das etwas anders. Da es hier viele Steine unterschiedlicher Form, Farbe, Länge und Funktion gibt und nichts schlimmer sein kann, als nach jedem benötigten Stein eine halbe Stunde suchen zu müssen, braucht ihr ein richtig gutes Sortiersystem, auf das ihr akribisch achten solltet.

Bausätze werden sicher gesondert aufgehoben, die Grundbausteine nach Farben sortiert, die Dachsteine, Türen und Fenster extra gelagert. Eine Kiste solltet ihr für Pflanzen reservieren, eine für Tiere, eine für Männchen. Wo haben die Platten ihren Platz? Wo kommen einzelne Steine hin, die am Ende noch auf dem Boden liegen und die sicher irgendeinen speziellen Zweck haben? Das will gut überlegt sein.

» Tipp: Damit die Steine eines Bausatzes auch wirklich zusammenbleiben und sich nicht mit den anderen, allgemeinen Steinen mischen, empfiehlt es sich, jeden Bausatz (am besten mit laminierter Anleitung) in einer verschließbaren Tüte oder einer eigenen kleinen Kiste aufzubewahren. Zum Bauen bekommen die Kinder eine kleine Wanne, in die alle Teile samt Anleitung kommen. In dieser Wanne kann der Bausatz transportiert werden und übrig gebliebene Teile und die Anleitung können so bis zum Abbau aufgehoben werden. Wird der Bausatz dann direkt über der entsprechenden Wanne wieder auseinandergebaut, hat man lange Freude mit dem Bausatz und allen dazu benötigten Teilen.

Wenn nach dem Abbau alle Steine wieder in ihren Kisten sind und man alle Kisten vor sich stehen hat, ist das ein richtig gutes Gefühl, dass alles seinen Platz hat und beim nächsten Einsatz direkt gefunden werden kann – auch wenn es manchmal anstrengend ist, die Kinder nachhaltig zum Sortieren zu motivieren.

» Tipp: Wenn eine große Stadt aufgebaut wurde, die sich über viele Meter durch den Raum erstreckt, kann man vor der Vorstellung, alles wieder abbauen und sortieren zu müssen, etwas zurückschrecken. Schließlich haben viele, viele Kinder gut zwei Tage (oder sogar länger) zum Aufbau gebraucht! Wenn für den Abbau genügend Helfer zusammengetrommelt werden, geht der Abbau erfahrungsgemäß aber sehr schnell über die Bühne. 20-25 Helfer (Jugendliche und Erwachsene, keine Kinder) schaffen das locker in zwei Stunden.

Bauregeln

Wer mit vielen Kindern und vielen Kleinteilen ein Wochenende (oder gar länger) in einem Raum ist und am Ende nicht einen Haufen Chaos, sondern ein tolles Ergebnis bestaunen möchte, braucht ein paar Bauregeln. Kurze und knackige Regeln, die allen helfen, damit der Ablauf gut klappt.

Nicht alle im Folgenden vorgeschlagenen Bauregeln müssen Anwendung finden – es sollten die ausgewählt werden, die für die Gruppe wichtig sind, und nur so viele, dass die Kinder sie sich auch merken können.

Mögliche Regeln für Hartplastikbausteine:

- Vor dem Bauen immer Händewaschen (auch nach jeder Baupause – die Steine werden sonst sehr schnell unfassbar dreckig).
- Gebaut wird nur in Absprache mit dem Bauleiter (keine wildwuchernden Häuser usw.).
- Ein neues Bauprojekt kann nur angefangen werden, wenn das alte abgeschlossen ist. Fertige Projekte werden auf ihren Platz in der Ausstellungsfläche gestellt.
- Wer Steine von A nach B transportiert, benutzt dazu ein Plastikschälchen (das verhindert hunderte Bausteine auf dem Boden und Schäden an den Händen, die versuchen wollen, den heruntergefallenen Stein wieder aufzuheben, während ein anderes Kind dort vorbeiläuft und drauftritt).
- Auf der Platte liegen keine Steine. Jedes Kind erhält zwei Schälchen zum Bauen. Hintergrund: Wenn viele Kinder bauen, ist sonst das Chaos vorprogrammiert.
- Gebaut wird immer im Verbund, das gibt Stabilität:

- Türme bauen ist erlaubt. Sie müssen unten recht dick und nach oben schmaler werden. Gerade Türme enden in der Höhe der Nasenspitze. Hintergrund: Hohe, gerade Türme geraten leicht ins Schwanken. Verletzungsgefahr bei Sturz!
- Gebaut wird immer in einem kleinen Team und nicht allein – die Baustein-Welt wird schließlich unser großes Gemeinschaftsprojekt!
- Jedes Kind hat so viel Bauplatz, wie es breit ist. Hintergrund: Kommen mehr Kinder als erwartet, braucht jedes Kind einen Bauplatz.
- Wenn eine Baupause eingelegt wird, gibt der Bauleiter 5 Minuten vorher Bescheid. Dann räumen alle ihre Steine auf und treffen sich an der Ausstellungsfläche für weitere Ansagen.

Darüber hinaus gilt z. B. in der Baustein-Welt des EC Bayern die Regel: Erst werden die Gebäude fertig gestellt, dann dürfen Fahrzeuge gebaut werden. Am Schluss wird erst dekoriert – und dann gespielt. Natürlich ist es schade, wenn die Kinder nicht sofort ihre Häuser schmücken können, aber es hat sich bewährt, den Stadtaufbau auf diese Weise spannender zu gestalten. Es motiviert die Kinder, dranzubleiben und die Gruppe hat ein gemeinsames Ziel, an dem sie arbeiten kann.

» Tipp: Damit beim Dekorieren einer Stadt nicht zu viele Steine am Rand herunterfallen oder zu nah am Rand Gebautes beim gemeinsamen Spielen um- und heruntergestoßen wird, hat es sich bewährt, außen um die Stadt einen Schie-

nenring zu legen, auf dem am Ende eine Lok ihre Runden dreht. Das sieht gut aus und setzt eine natürliche Grenze für alle Bau- und Dekorationstätigkeiten.

Für die Holzbausteine sind einige Sicherheitsregeln wichtig:

- Sobald Gebäude o. Ä. höher werden als die Nasenspitze der Kinder, werden im Baubereich Schutzhelme getragen.
- Gern bauen die Kinder hoch und höher – wenn die eigene Größe nicht mehr reicht, kann eine Leiter helfen. Hier muss besonders auf die Sicherheit geachtet werden (sichere Leiter, Beaufsichtigung und Hilfe durch die Mitarbeitenden ...).
- Gern stoßen die Kinder große, hohe Türme am Ende einer Aktion auch einmal um. Das macht Spaß, sieht toll aus und ist gar nicht schlimm. Aber je höher das Bauwerk ist, desto mehr ist darauf zu achten, dass im Fallbereich niemand steht, der Bausteine abbekommen könnte.

Kinder (und auch Mitarbeitende) sollten immer ein Namensschild sichtbar tragen. Hintergrund: Der Mitarbeiter / die Mitarbeiterin muss in der Lage sein, das Kind bei seinem Namen zu nennen.

Lob ist so ziemlich das Wichtigste im gesamten Programm. Gelobt wird schließlich jeder gern. Vor allem, wenn nicht alles glatt läuft, man den passenden Stein nicht findet oder das Gebäude zum dritten Mal eingestürzt ist. Es ist wichtig, wertzuschätzen, dass die Kinder sich konzentrieren, überlegen und tüfteln, ganz viel von ihren Ideen und ihrer Fantasie preisgeben und am Ende auch immer tolle Ergebnisse präsentieren können! Wer zwischendurch für kleine Fortschritte oder Durchhaltevermögen gelobt wird, ist gleich noch viel motivierter.

» Tipp: Eine Form der Wertschätzung, die den Kindern sehr guttut, ist die Möglichkeit, zum Abschluss eines Tages oder einer längeren Bauphase kurz etwas zum eigenen Bauprojekt zu erzählen. Immer wenn wir dazu einigen Kindern die Gelegenheit gaben, waren die Kinder glücklich, sich und ihr Projekt präsentieren zu dürfen. Die anderen Kinder waren immer interessiert und haben vielleicht zum ersten Mal das Bauwerk dieses Kindes wahrgenommen. Wenn dann der Bauleiter noch eine Kleinigkeit in der Konstruktion oder Ausführung lobt, ist die Freude gleich noch mal so groß!

Pausen

Pausen sind fast so wichtig wie die Bauzeiten. Zwischendurch müssen die Kinder sich einfach mal bewegen, mal was anderes sehen und den Kopf frei bekommen, damit es danach wieder frisch ans Werk gehen kann. Dann ist es sinnvoll, besondere Spielelemente wie eine Hüpfburg oder eine Röllchenrutsche zu haben. Dort können sich die Kinder zwischendurch auch mal abreagieren.

Wenn ihr ganze Tage plant, macht es auch Sinn, längere Baupausen zu haben, in denen ihr ein ganz anderes Programm anbietet, wie Geländespiele, Workshops usw.

Zu den Pausen gehört auch ein Snack oder eine richtige Mahlzeit.

Was in den Pausen angeboten wird, hängt natürlich immer von den zeitlichen und personellen Rahmenbedingungen ab. Plant Pausen klug ein und seid dabei auch flexibel. Gebt den Kindern die Chance, sich zu bewegen und sich ein wenig zu stärken – dann kann es bald mit neuer Kraft weitergehen.

Vorher schon an Nachher denken

Stell dir vor, es lassen sich viele Kinder einladen, die sonst nie in deine Gruppe und Gemeinde kommen. Was kannst du tun, damit einige dieser Kinder nach der Aktion den Weg in die Jungschar, Kinderstunde o. Ä. finden? Das will vorher schon gut geplant sein. Soll es einfach Jungscharflyer zum Verteilen geben? Kann die Baustein-Welt in abgespeckter Form vielleicht in der Gruppenstunde weitergehen, um den Übergang zu schaffen? Können die Mitarbeitenden der Baustein-Welt demnächst auch mal in der Jungschar dabei sein (auch wenn sie dort vielleicht regulär nicht mitarbeiten)? Dann könnten sie Kinder, zu denen sie einen guten Draht hatten, vielleicht in die Jungschar einladen. Sicher fällt dir da noch mehr Kreatives ein.

Was aber, wenn es trotzdem nicht gelingt? Wenn Kinder vielleicht sogar einmal in der Gruppenstunde aufschlagen, aber dann nicht mehr kommen? Dafür kann es natürlich viele Gründe geben – aber vielleicht lohnt es sich dann, einmal zu überlegen, was den Kindern bei der Baustein-Welt so gut gefallen hat, dass sie mit Feuereifer dabei waren – und wie sich das, was den Kindern gefallen hat, in die Gruppenarbeit integrieren lässt. Das ist bestimmt nicht einfach, aber könnte sich lohnen.

Manche Kinder kommen vielleicht aber auch nicht, weil sie es nicht gewohnt sind, sich an Regeln zu halten oder lange bei Andachten zuzuhören – für diese Kinder ist vielleicht ein Angebot nötig, das ihr bisher gar nicht im Programm habt. Aus meiner Arbeit mit der Baustein-Welt im EC Bayern ist der Wunsch entstanden, für Kinder ein weiterführendes Angebot haben zu können, die mit unseren normalen Gruppenstunden nicht so richtig klarkommen. Deshalb haben wir bärenstark e. V entwickelt. Ein einfaches Mentoring-konzept für Kinder. Vielleicht ist das ja auch etwas für euch und eure Nacharbeit? Schau doch mal rein: www.baeren-stark.net.

Aber selbst wenn die Kinder nicht regelmäßig auftauchen sollten – Kinder vergessen so ein Mega-Bau-Erlebnis nicht so schnell und damit auch nicht die Geschichte, die sie dazu gehört haben und mit diesem Ereignis verbinden!

KONZEPTE

FÜR BAUSTEIN-WELTEN

Woody Town

von Stefan Kaiser

Stefan Kaiser hat in den folgenden Kapiteln einige Vorschläge für die kreative Nutzung von Holzbausteinen zusammengetragen. Er steht für das Projekt Woody Town der EC Chrischona Jugend (ECJA) e. V. Zum Start erzählt er, wie das Projekt entstanden ist.

Woody Town – das muss man wissen

Seit 2010 „tourt" Woody Town der EC Chrischona Jugend mit knapp 50.000 Holzklötzen durch Deutschland, begeistert und animiert Kinder und Jugendliche zum unverkrampften Spielen und weckt bei Erwachsenen „Kinderherzen" neu auf.

Die Aktion begann mit einer Absage gegenüber einem Gemeindeleiter, der uns fragte, ob wir nicht irgendetwas mit Parkettstäbchen als Holzklötze für Kinder in seiner Gemeinde machen könnten. Nachdem wir recherchiert hatten, wie teuer eine solche Anschaffung für uns werden würde, war schnell klar: Das ist in einer so groß gedachten Dimension (Aktionen bis 100 Kinder) einfach zu teuer. Die Idee verlief im Sande ... Einige Monate später saß ich in einer EC-Ortsgruppe im hessischen Vogelsberg mit anderen Mitarbeitenden zusammen, um eine Kinderwoche zu planen. Wir suchten gemeinsam nach einem geeigneten Thema und wieder kam es zu der längst vergessenen Idee, etwas mit Holzklötzen zu machen. Der Vorschlag bekam eine Eigendynamik und jedem fiel etwas ein, wie man eine solche Aktion doch noch durchführen könnte. Die Mitarbeiter und Mitarbeiterinnen verliebten sich in diese Idee und wollten sie nicht mehr fallen lassen. Dem Prediger dieser Gemeinde fiel ein, dass es in der Nähe ein Sägewerk gab, das seit langem palettenweise Holzlatten auf dem Gelände gelagert hatte, die wohl keiner mehr abholte. Man erkundigte sich beim Sägewerk und fand heraus, dass es sich bei den Latten um französische Dachlatten handle, die im Gegensatz zu unseren nicht rechteckig sind, sondern quadratisch (4 x 4 cm). Da der Kunde diese Latten nicht mehr haben wollte und es in unserem Land für dieses Maß keine Verwendung gibt, bot man sie uns für einen geringen Preis an. Dann kam das eine zum anderen und die Schreiner der Gemeinden kürzten die Latten auf die Größe von Holzklötzen mit einer Länge von ca. 10 cm und 20 cm.

Seitdem sind wir mit diesen Holzklötzen unterwegs und die Begeisterung der Gruppen und Gemeinden lässt nicht nach. Der Vorteil gegenüber kleinen Holzklötzen oder Parkettstäbchen ist, dass sich mit diesen recht großen Klötzen größere Bauten und Projekte realisieren lassen.

» Was diese Geschichte zeigt? Auch große Projekte, die einem vielleicht Ehrfurcht abverlangen, wenn man sich die Masse an Steinen vorstellt, haben einmal klein angefangen. Das kannst du auch! Wer weiß, ob aus einer kleinen Projektidee eurer Gruppe/Gemeinde rund um die einen oder anderen Bausteine nicht einmal ein großes Projekt wird, was andere begeistert?

Woody Town – so läuft es praktisch ab

Technisches

Die Holzklötze sind in Kisten nach Euro-Maß gelagert und je 16 Kisten werden auf einer Europalette verzurrt. Dazu gibt es 30 Bauhelme, große Teppiche und schriftliches Material, wie man eine solche Aktion mit Holzbausteinen durchführen kann.

Entweder kommt ein Jugendreferent von uns mit den Holzklötzen zum Veranstaltungsort oder die Gruppen holen sich das Material selbst in unserem Lager ab. Am besten werden die Paletten mit einem 7,5 t-LKW, einem größeren Lieferwagen oder einem Anhänger transportiert – je nach Größe der Veranstaltung.

Organisatorisches und Inhaltliches

Das schriftliche Vorbereitungsmaterial wird den Gruppen vorher zugesandt oder gemailt, damit sich jeder mit der Idee und dem Konzept beschäftigen kann. Wenn es gewünscht ist, kommt ein Referent / eine Referentin auch zu einer Vorbereitungssitzung dazu.

Der Reiz von Woody Town ist, dass man mit relativ wenig Aufwand eine attraktive und unkomplizierte Aktion gestalten kann. Fast alle Mitarbeitenden bestätigten uns im Nachhinein, wie unkompliziert alles verläuft und wie wenig Arbeit es macht – dafür aber doppelt so viel Spaß.
Unsere Beobachtung ist, dass Gemeinden immer weniger Zeit, Kraft und Ressourcen für lange und aufwendige Kinderwochen haben, deswegen benötigen wir in der Zukunft knackige, unkomplizierte und effektive Konzepte. Wir erleben, dass Woody Town genau so ein Konzept ist.

Bei den meisten Aktionen und Veranstaltungen kommen folgende Elemente vor

- „Warmspielen" mit den Holzklötzen
- Wettbewerbe, z. B. „Wer baut den höchsten Turm?"
- Nachbau von berühmten Gebäuden wie Brandenburger Tor oder Eiffelturm
- Spielstraße mit Aufgaben, die zu bewältigen sind
- Geistlicher Input (zum Themenbereich Bausteine aus der Bibel)

Welche Veranstaltungsformate gibt es?

Woody Town kann überall und für jedes Alter eingesetzt werden.
Gute Erfahrungen haben wir bisher mit folgenden Formaten gemacht:

- Spieltage im Kindergarten
- Projekttage in der Schule
- Straßeneinsätze in Fußgängerzonen
- Kinderwochen
- Kinderevents
- Jungschartage
- Teen- und Jugendkreise
- Familiengottesdienste
- Jugendfestivals
- Männertage
- Größere Erwachsenenversammlungen als erlebnispädagogisches Element

Einige dieser Aktionen werden im Folgenden vorgestellt.

Wir haben bei der Fertigung die Holzklötze roh und unbehandelt belassen. Dadurch kann man sie auch draußen im Freien verwenden. Wichtig ist nur, dass sie zum Trocknen luftig gelagert werden, damit sie nicht anfangen zu stocken.

Am schönsten ist es natürlich, wenn der Platz so groß ist, dass man alle 50.000 Holzklötze auf einmal nutzen kann. Es ist jedoch auch möglich, die Holzklötze auf kleineren Veranstaltungen zu nutzen. Das ist immer auch stark davon abhängig, welche Transportmöglichkeit zur Verfügung steht.

Ziele und Chancen

Woody Town ist ein „niedrigschwelliges“ Angebot. Egal, welcher Altersgruppe, welcher religiösen Überzeugung und welcher Schicht die Teilnehmenden angehören: Alle haben Spaß am Spielen und man kommt schnell miteinander ins Gespräch.

Woody Town ist ein praktisches und unkompliziertes Angebot, das sich ohne großen Aufwand vorbereiten lässt. Gerade bei Pädagogen wird Woody Town unserer Erfahrung nach sehr geschätzt, weil es ein praktisches Lernen ist. Ziel ist es, mittels einer Pädagogik von Kopf, Herz und Hand Kinder mit der guten Botschaft zu erreichen. Das heißt, wir verbinden das Thema „Spielen mit Holzklötzen“ mit Geschichten aus der Bibel, in denen Klötze vorkommen. Dabei steht die kreative Verkündigung im Vordergrund. Wichtig ist uns der Transfer in den Alltag der Kinder, der uns durch Kleingruppen, in die die Kinder thematisch einbezogen werden, gelingen soll. Interessanterweise erreichen wir immer wieder auch Eltern, die durch das praktische Spielen in das Geschehen mit hineingenommen werden.

WOODY TOWN – AUF DEM MARKTPLATZ

Idee

Holzklötze scheinen bei den meisten Menschen verschiedenster Altersgruppen den Drang zum Spielen und Experimentieren auszulösen. Sobald man die Klötze auf einer bestimmten Fläche zur Verfügung stellt, kommen neugierige Menschen hinzu, die dann auch gleich anfangen wollen zu spielen. Es entsteht schnell eine natürliche Geselligkeit, die Herzen für weiterführende Gespräche öffnen kann. Von daher sind in besonderer Weise öffentliche Plätze und Gebäude ganz besonders wertvolle Orte für missionarische Einsätze mit Holzbausteinen! Es bedarf keiner besonderen Ansprache der vorbeilaufenden Menschen, die natürliche Neugier bringt sie zum Zuschauen und Mitspielen. Dafür ist es wichtig, dass schon einige Gebilde aus Holzklötzen wie Türme oder nachgestellte bekannte Gebäude stehen, damit das Interesse geweckt wird.

Bei einer Spielstation mit Tausenden von Holzklötzen anlässlich des Weltkindertages in Düsseldorf konnte ich Folgendes beobachten: Eigentlich waren alle Spielstände und sonstigen Angebote schon im Abbau begriffen – die Veranstaltungszeit war auch um. Viele Leute waren schon nach Hause gegangen und die Müllabfuhr begann schon mit der Säuberung. Nur bei den Holzklötzen war noch reger Betrieb. Passanten, die eigentlich nur im Vorbeigehen einen Blick auf die schon fertigen Bauwerke werfen wollten, blieben stehen und begannen ohne Aufforderung zu bauen. Zwei Kinder versuchten, ihre Oma mit den Worten „Du hast uns doch ein Eis versprochen!" wegzuzerren, aber die Oma war zu sehr ins Spiel vertieft. (Heiko Metz)

Location

Öffentliche Plätze und Gebäude sind ideale Orte für Woody Town.
Besonders zu nennen wären hier:

- Fußgängerzonen
- Marktplätze
- Schulhöfe
- Einkaufszentren
- Rathäuser
- Behördengebäude
- Turnhallen
- Schulaula

Sollten die Veranstaltungen an Orten ohne Dach oder Unterstellmöglichkeiten stattfinden, ist es sinnvoll, ein größeres Zelt aufzubauen. Das Zelt kann dann auch vor Sonne oder Regen schützen.

Ziel

Ziel ist es bei einer solchen Aktion, positiv aufzutreten, Aufmerksamkeit zu erregen, für Menschen da zu sein, eine gute Zeit miteinander zu verbringen und die Möglichkeit zu haben, einfach einmal frei und unverkrampft zu spielen – mitten im Alltag – und so praktisch etwas von Gottes Liebe zu zeigen und weiterzugeben. So verbindet sich das „Spielen mit Holzklötzen" mit dem praktischen Leben der Mitspielenden.

» Achtung: Wer öffentliche Plätze nutzt, braucht dafür natürlich eine Genehmigung. Plant für das Einholen dieser Genehmigung ausreichend Vorlaufzeit ein, damit die ganze Aktion nicht am fehlenden Ort scheitert.

Motivationsgeber

Die Motivationsgeber sind die Mitarbeitenden. So wie sie sich einbringen, so bringen sich auch die Kinder ein. Wer über die ganze zeitliche Aktion die Hände in den Hosentaschen hat und ausgiebig gähnt, kann nicht erwarten, dass die Kinder motiviert dabei sind. Die Mitarbeitenden sollten sich bewusst sein, dass sie selbst mitspielen müssen, wenn sie Kinder erreichen wollen. Ganz besonders am Anfang einer Veranstaltung sind Motivation und Ansprache an die Kinder wichtig. Viele Kinder, besonders die aus den sozialen Randgruppen, kennen Spiel und Abenteuer nur aus dem Fernsehen und von Computerspielen. Erst wenn sie die Holzklötze in der Hand haben und die Mitarbeitenden das Spiel initiieren, macht es „Klick" und die Kinder sind dabei ...

Möglicher Programmablauf

Zunächst ist der richtige Zeitpunkt wichtig. Für Veranstaltungen auf öffentlichen Plätzen ist es aus unserer Erfahrung heraus am besten, Aktionen am Wochenende durchzuführen; eben dann, wenn Menschen Zeit haben und unterwegs sind. Besonders der Samstag, wenn die Geschäfte offen haben und die Menschen durch die Läden des Ortes ziehen, eignet sich gut. Viele Familien nutzen dann auch die Gelegenheit, ihr Kind bei den Mitarbeitenden für ein, zwei Stunden abzugeben, damit auch mal ein ungestörtes Einkaufen der Eltern möglich sein kann.

Ideal sind Veranstaltungen ab 10 Uhr, die bis 17 Uhr oder 18 Uhr dauern.
Folgender Programmablauf wäre dann möglich:

10.00 Uhr: freies Spielen

11.00 Uhr: Wettkampf: „Wer baut den höchsten Turm?"

Es werden mit den schon anwesenden Kindern (und allen interessierten Zuschauern) kleine Gruppen mit jeweils fünf Kindern gebildet. Zu jeder Gruppe kommt ein Mitarbeiter / eine Mitarbeiterin dazu, hilft den Kindern, gibt Tipps und achtet auf die Regeln. Jede Gruppe erhält ein DIN-A4-Blatt (alternativ kann es schon mit Klebeband auf dem Boden befestigt worden sein). Dieses Blatt ist das „Fundament", über dessen Grenzen nicht hinausgebaut werden soll.

Nach einem Start oder Countdown hat jede Gruppe 15-20 Minuten Zeit, um den Turm zu bauen. Wichtig hierbei ist, dass man die Kinder dazu motiviert, zunächst erst einmal eine stabile Bauweise zu finden.
Wenn die Zeit um ist, kontrollieren die Mitarbeitenden, ob die Regeln (Fundament und freies Stehen ohne Hilfe) eingehalten worden sind. Jetzt können zwei Personen damit beginnen, die Bauwerke zu messen. Die drei höchsten Türme bekommen einen Preis.

11.30 Uhr: Siegerehrung der drei höchsten Gebäude
Ideal wären folgende Personen zur Preisübergabe:
- Bürgermeister/Bürgermeisterin
- Bankdirektor/Bankdirektorin
- Jugendamtsleiter/Jugendamtsleiterin
- Bauamtsleiter/Bauamtsleiterin
- oder andere

12.00 Uhr: freies Spielen
Eventuell kann man kleine Snacks oder Getränke anbieten.

13.00 Uhr: Kreativwettbewerb
Wieder werden Gruppen gebildet, die aber diesmal auch größer sein dürfen. Es stehen Fotos berühmter Gebäude (Brandenburger Tor, Eiffelturm usw.), aber auch regionaler Gebäude zur Verfügung, die zunächst alle vorgestellt werden. Jetzt können Interessengruppen gebildet werden, zu denen jeweils ein Mitarbeiter / eine Mitarbeiterin mit dem Bild dazukommt. Je nach Alter und Klientel der Kinder erhält die Gruppe 1 1/2 bis 2 Stunden Zeit, das Gebäude zu bauen. Allen Kindern muss klar sein, dass das Gebäude wirklich groß sein darf, so z. B. das Brandenburger Tor auf einer Fläche von 2 x 6 m. Eventuell kann der Platz durch eine Bodenmarkierung (Kreppband oder Kreise) vorgegeben sein. Am Ende der Bauzeit schaut sich dann eine Jury unabhängiger Personen die Gebäude an und legt drei besonders gelungene Gebäude als Gewinner fest.

14.30 Uhr: Siegerehrung der drei gelungensten Gebäude
Eventuell können die Preise wieder von besonderen, prominenten Personen überreicht werden.
Spezial: Die Kinder werden vor ihren Gebäuden fotografiert und können an einer Foto-Ausdruck-Station ein Erinnerungsfoto mitnehmen.

15.00 Uhr: freies Spielen
Eventuell mit besonderen Aufträgen:
- Bau einer Ritterburg
- Bau eines Wohnzimmers in realer Größe
- Umbauen eines Autos mit der Möglichkeit, ein Rennauto daraus zu formen

17.00 Uhr: Ausklang, Ende und Abbau

Hinweise und Tipps

Eingrenzung des Aktions-Gebietes

Es ist sinnvoll, den Aktions-Raum zu begrenzen. Dieser kann z. B. mit einem Absperrband markiert werden. Das gibt den Kindern und den Mitarbeitenden ein Gefühl der Sicherheit, und es ist für alle klar, wo die Grenzen sind. Dies ist vor allem dann unabdingbar, wenn man nicht ein offenes Angebot, bei dem ein Kommen und Gehen herrschen kann, anbietet, sondern ein geschlossenes Betreuungsangebot (z. B. für den Einkauf der Eltern).

Genehmigungen

Für alle öffentlichen Plätze ist eine Genehmigung einzuholen. Oft muss man den genauen zeitlichen Umfang und eine feste Aktionsfläche mitteilen. Auch das Abstellen von Autos und Transportfahrzeugen darf bei der entsprechenden Genehmigung nicht vergessen werden.

Beschallung

Bei kleineren Events ist ein Megafon oder auch ein kleiner Kofferverstärker ausreichend, die keiner besonderen Genehmigungen bedürfen. Sobald eine Beschallungsanlage zum Einsatz kommt, ist auch dies mit der Behörde zu klären.

Preise für die Wettbewerbe

Ich rate von billigen „China-Preisen" ab. Wenn wir schon mit einem so sinnvollen Medium wie Holzklötze arbeiten, dann sollte es auch sinnvolle und nachhaltige Preise geben. Beispiele: Eintrittskarte ins Planetarium oder ein Museum, kleines Holzspielzeug, Turmbauspiel aus Holzklötzen usw.

Ausreichend Mitarbeitende zum Reden

Sicher lässt sich überlegen, ob ein kleiner, knackiger inhaltlicher Teil bei den Preisverleihungen oder zum Ausklang angebracht und möglich ist.

Der größere missionarische „Nutzen" wird aber das Gespräch, das Miteinander in Aktion, der Start einer Beziehung zu den Kindern (und Eltern) sein. So entstehen vielleicht tiefergehende Gespräche oder es ergeben sich Möglichkeiten, Kinder oder Familien zu weiteren Veranstaltungen einzuladen. Dafür ist eine ausreichende Anzahl Mitarbeitender wichtig. So können einige der Mitarbeitenden bauen und andere, die nicht in den Spielbetrieb involviert sind, können sich Zeit für Eltern und Passanten nehmen, um mit ihnen ins Gespräch zu kommen.

Im gemeinsamen Bauen ergeben sich immer wieder Gespräche, die die Möglichkeit eröffnen, über Dinge und Themen zu sprechen, die den Gesprächspartner / die Gesprächspartnerin aktuell beschäftigen oder umtreiben. Die Mitarbeitenden sollten dafür sensibel sein, sich auf solche Gespräche einzulassen und sie einfühlsam zu führen:

- Mobbing
- Was macht mich wertvoll?

- Was trägt mich?
- Wem kann ich heute noch vertrauen?
- Schuld haben immer die anderen!
- Wohin mit meinen Sorgen?

Teilweise haben diese Themen einen direkten Anklang im Baugeschehen. So findet die Frage „Was trägt mich im Leben?“ viele konkrete Anknüpfungspunkte im Bauen und der Frage, wie Gebäude und Skulpturen stabil gebaut werden können und nicht einfach einstürzen. Oder es entwickelt sich aus dem Ärger über den anderen / die andere, der/die vermeintlich Schuld daran ist, dass das eigene Bauwerk zerstört ist, ein Gespräch über das Phänomen, dass irgendwie immer die anderen Schuld sind.

Solche Anklänge zu nutzen, ist eine tolle Gelegenheit. Auf jeden Fall wird die Gemeinde durch eine solche Aktion bekannter, vielleicht sogar zum Stadtgespräch.

Das ebnet den Boden für weitere Veranstaltungen oder vielleicht die Einladung bei einer Samstagsaktion in der Fußgängerzone zum sonntäglichen Holzbausteine-Familiengottesdienst. Wie so ein Gottesdienst aussehen könnte, kann man gleich hier nachlesen:

WOODY TOWN – IM FAMILIENGOTTESDIENST

Woody Town eignet sich auch ganz hervorragend für Familiengottesdienste. Dieser kann an eine Aktion anschließen oder für sich allein stehen. Wobei wir den Familiengottesdienst als ein Angebot verstehen, das für alle Generationen gedacht ist. Es wäre falsch, nur einseitig auf Kinder einzugehen. Es sollte uns gelingen, alle Generationen in den Gottesdienst einzubinden. Gerade über das gemeinsame Spiel mit den Holzklötzen ist dies hervorragend möglich und braucht keine besondere methodische Vorplanung. Die Faszination der Holzklötze ist da schon genug.

Für den Gottesdienst schaffen wir Platz für unsere Klötze und machen im Saal an verschiedenen Stellen große Haufen mit den Holzklötzen. Alle Besucher und Besucherinnen können dann schon vor Beginn des Gottesdienstes miteinander spielen. Gerade dann, wenn man einen Familiengottesdienst im Anschluss einer Kinderwoche anbietet, schafft man allen eher Kirchenfernen einen spielerischen und leichten Einstieg in den Gottesdienst und die Gemeinde.

Als offiziellen Start kann man mit einer kleinen Aktion, wie z. B. dem Bau eines Turmes in Familiengrüppchen, beginnen.

Möglicher Programmablauf

Thema: Klotz am Bein

Ablauf:

1. Gemeinsames Spielen aller Generationen: Wichtig ist hier wieder, dass eingeweihte Mitarbeitende einfach mit dem Spielen und Bauen beginnen, damit sich alle anderen auch trauen, mit einzusteigen und ihrer Kreativität freien Lauf zu lassen.

2. Begrüßung durch Moderator/Moderatorin

3. Spielaktion am Anfang des Gottesdienstes
- Wer baut den höchsten Turm?
- Wer schafft es, das Brandenburger Tor zu bauen?
- Wer kann einen Sessel nachbauen?

Man kann Musik im Hintergrund und Bilder der Kindertage oder der Fußgängeraktion auf der Leinwand automatisch laufen lassen (falls dem Familiengottesdienst eine andere Veranstaltung mit Holzklötzen vorausging).

4. Zwei Kinderlieder werden gesungen.

5. Lesung z. B. des Textes vom Turmbau zu Babel (1. Mose 11,1-9) oder vom Haus auf dem Felsen (Mt 7,24-27) – vielleicht kann der Text von zwei Teenagern vorgelesen werden?

6. Gebet – vielleicht kann das Gebet von einem Senior gesprochen werden?

7. Ein Lied wird gesungen.

8. Predigt zum Text aus Jesaja 45,20-22

9. Zeugnis – vielleicht von einem Jungen Erwachsenen?

10. Ein Lied wird gesungen.

11. Abkündigungen

12. Gebet und Segen, gesprochen durch Moderator/Moderatorin oder Pfarrer, Prediger / Pfarrerin, Predigerin

13. Segenslied

14. Nach dem Gottesdienst: Vielleicht ist noch einmal Zeit zum gemeinsamen Spielen und Bauen? Gleichzeitig freuen sich alle, die genug gespielt haben, bestimmt über ein paar Snacks und leckere Getränke.

Impulse für die Predigt aus Jesaja 45,20-22

Zielgedanke: Mit allen Lasten unseres Lebens, die oft auch zu „Götzen“ in unserem Leben werden, können wir zu Gott kommen und die Last bei ihm ablegen!

Merkverse: Psalm 3,9 und 1. Petrus 5,7

Die letzten beiden Tage waren aufregend und spannend: Mit fast 50.000 Holzklötzen haben wir gespielt, uns gemessen und experimentiert. Das hat richtig Spaß gemacht! (Falls dem Familiengottesdienst keine andere Veranstaltung mit Holzklötzen voraus-ging, muss der Einstieg umformuliert werden.) Der Umgang mit Holzklötzen kann aber auch weniger schön sein, ja sogar belastend: Wer kennt den Ausspruch „Klotz am Bein“? Nicht zuletzt aus dem Comic „Lucky Luke“ kennen wir die Szenen, wo die vier von Lucky Luke gejagten Knastbrüder, die Daltons, an Kugelgewichten laufen müssen. Sinn dieses Gewichtes ist es, den Gefangenen aufzuhalten und das Flüchten zu erschweren. Eine fürchterliche Vorstellung, an so einem Gewicht laufen zu müssen. Gut, dass dies abgeschafft worden ist!

Aktion: Wir wollen das gerade mal ausprobieren.
Ein Kind wird mit einem Gewicht (Kiste mit Holzklötzen) gefesselt.

> **» Achtung: Sprecht diese Aktion vorher gut ab und sucht gemeinsam mit den Kindern ein Kind aus, von dem ihr sicher sein könnt, dass es keine Probleme damit hat, gefesselt zu werden. Der Gottesdienst soll ja für alle zum schönen Erlebnis werden und keine Angst auslösen oder ungute Erinnerungen wecken.**

Wie ergeht es dieser Person mit der Fessel?

Sorgen können eine solche Last in unserem Leben sein. Oft belasten sie uns enorm und wollen uns im Alltag festhalten und die Bewegungsfreiheit einschränken! Manchmal geht man durch das Leben und fühlt sich, als wäre die Handbremse angezogen.
Es ist interessant, dass wir in der Bibel auch etwas von Klötzen aus Holz lesen können: Der Prophet Jesaja spricht in Jesaja 45,20.22 von diesem Klotz am Bein.

Dieser Text aus Jesaja stammt aus einer Zeit, in der das Volk Israel vertrieben und gefangen genommen worden war. Sie hatten alles verloren! Gescheitert, entwurzelt, zerrissen, verarmt und des Stolzes beraubt. Die damalige Weltmacht Babylon hatte das Volk Gottes in Gefangenschaft geführt. Dem Volk Israel ging es sehr schlecht! Der Prophet Jesaja war auch unter den Gefangenen. Gott setzte ihn unter den Israeliten als Propheten ein. Er sollte unter dem frustrierten und desillusionierten Volk wirken und Mut machen.

Aber was soll man einem solch gescheiterten Volk erzählen? Jesaja machte damals dem Volk Israel Mut, aber dieser Text kann auch uns heute Mut machen!
Er will uns ermutigen und unseren Glauben stärken.
Er will uns ermutigen, dass wir uns Gott wieder zuwenden und nach ihm fragen.
Er will in unserer Not auf Gottes Hilfe hinweisen.

In diesem Text widmet sich Jesaja der Last der schweren Klötze unserer Götzen. Komischer Begriff. „Götzen“. Gar nicht mehr aktuell, oder?
Was sind Götzen? Früher – vor hunderten, tausenden Jahren – haben Menschen Figuren, Bilder (oder Ähnliches) geschaffen, die sie dann anbeteten. In vielen Teilen der Welt machen das die Menschen heute noch. Jetzt könnten wir meinen, dass wir viel moderner und fortschrittlicher sind und über selbst gebastelte, selbst gemachte Götterbilder anderer einfach lachen – aber auch in „unserer Welt“, in unserer Zeit erschaffen wir uns Götzen oder Götter. Martin Luther sagte: „Was du nicht loslassen kannst, das ist dein Gott.“ Das ist eine Definition, die vieles zulässt! Nämlich alles, was mich fesselt, unter Druck setzt; alles, was ich nicht loslassen kann und will!

Hier einige Beispiele dafür:
- Angst (vor Menschen, Situationen, Orten)
- Streit
- Ehrgeiz (ich bin immer noch besser als der Kollege; ich mache noch eine Fortbildung, damit ich noch besser werde; ich habe bessere Noten als meine Freunde)
- Krankheit
- Trennung der Eltern
- Tod der Oma

Darüber hinaus können auch materielle Dinge für uns Menschen „Götzen“ sein:
- das Auto
- der Job
- das Haus
- das Hobby
- mein Spielzeug
- der Computer

Aktion: Nimm dir jetzt einmal kurz Zeit und notiere die Dinge, die dich fesseln, auf einen oder mehreren Holzklötzen! Diese Götzenklötze helfen nicht, sie beschweren. Sie nehmen uns die Freiheit und belasten uns. Kein Wunder, dass wir uns „beschweren“, unser Leben sei so schwierig und unglücklich. Wir beladen uns mit diesen Dingen tonnenschwer und erwarten, dass wir glücklich sind.

Rettungsangebot: Im Text steht: „Wendet euch mir zu!" An wen wende ich mich, wenn ich ein Problem habe? Natürlich an diejenigen, die die entsprechende Fachkompetenz haben! Wenn ich ein Problem mit meinem Auto habe, fahre ich nicht zum Metzger, oder? Also, an wen wende ich mich, wenn ich mit meinem Leben ein Problem habe? An welche kompetente Person könnte ich mich wenden? Die beste Adresse ist Gott selbst! Er sagt: Wende dich mir zu, lass dich retten! Das ist wie mein Navigationsgerät, das merkt, wenn ich auf die falsche Spur komme. Dann heißt es nämlich: Bitte wenden!

Jetzt sind wir gefragt! Was heißt das, sich retten zu lassen?
Konkret heißt das:

- Gott die „Klötze" unseres Lebens im Gebet sagen!
- Gott bitten, dass er uns hinweist auf Dinge, die zwischen ihm und mir stehen.
- Ihn um Vergebung bitten.
- Bewusst machen, dass ich ein von Gott geliebtes Individuum bin, das mit Gnade beschenkt ist! Genieße das und lehne dich entspannt zurück. Gott will, dass du glücklich wirst, er hat dich lieb!

Aktion: Nimm jetzt deine Holzklötze und bring sie ans Kreuz!
(Vorn steht ein Kreuz auf dem Boden, vor dem die Klötze abgelegt werden können.)

1. Petrus 5,7 wird laut vorgelesen.

Nur Gott kann das! Die Bibel lässt keine Zweifel zu und es ist im Anschluss des Verses 22 nochmals deutlich beschrieben. Wenn uns überhaupt jemand helfen kann, dann ist das Gott! Wie oft haben wir schon Gottes großartige Hilfe in unserem Leben erlebt! Probiere es heute aus!

WOODY TOWN – PROGRAMMBAUSTEINE UND MÖGLICHKEITEN

Wie eingangs schon erwähnt, gibt es einige Grundelemente, die in den meisten unserer Veranstaltungen mit Holzklötzen auftauchen. Diese und ein paar Ideen mehr stelle ich nun hier vor.

Sie können in einem zusammenhängenden Programm als große Aktion genutzt werden, aber genauso gut als Einzelbausteine in einer Gruppenstunde, einem Gottesdienst, zur Vor- oder Nachbereitung einer großen Holzbaustein-Aktion in eurer Gemeinde usw.

Baustein „Warm spielen“

Man animiert zum unverkrampften, freien Spielen. Kleine Tipps können gegeben werden. Wichtig ist, dass man mit dem Kind im Gespräch ist, was man mit den Holzklötzen alles machen kann. Dieser Baustein dient der Möglichkeit, dass Kinder bei einer Aktion gut ins Spielgeschehen hineinkommen und in Verbindung mit den Mitarbeitenden treten.

Baustein „Berühmte Gebäude“

Hier geht es darum, berühmte Gebäude nachzubauen. Wir haben Bilder von Gebäuden aus der ganzen Welt und der Region. Eines wird ausgewählt und nachgebaut. Hier können alle zusammen an einem Bauwerk arbeiten oder verschiedene Kleingruppen versuchen sich am höchsten Eiffelturm, am originalgetreusten Brandenburger Tor usw.

Baustein „Wer baut den höchsten Turm?“

Es werden kleine Gruppen mit jeweils fünf Kindern gebildet. Jede Gruppe erhält ein DIN-A4-Blatt (alternativ kann es schon mit Klebeband auf dem Boden befestigt worden sein). Dieses Blatt ist das „Fundament“, über dessen Grenzen nicht hinausgebaut werden darf. Jede Gruppe hat 15-20 Minuten Zeit, einen Turm zu bauen.

Baustein „Biblische Themen und Geschichten“

Ein Mitarbeiter / eine Mitarbeiterin erzählt eine Geschichte aus der Bibel. Währenddessen können die Kinder die Geschichte konkret nachbauen. Beispiele: Turmbau zu Babel, Arche Noah, Jericho.

> **» Tipp: Dies könnte eine unaufdringliche Möglichkeit einer kleinen inhaltlichen Einheit bei einer Fußgängerzonen-Aktion sein.**

Baustein „Verpackungskünstler à la Christo“

Ein bestimmter Gegenstand wird umbaut. Hierfür eignet sich z. B. ein älteres Auto, das auch mal einen Kratzer abbekommen darf. Dieses Auto kann man dann mit den Holzklötzen umbauen und so eventuell ein Rallye-Auto daraus gestalten. Möglich sind auch andere Gegenstände, z. B. ein Bobby-Car, ein Briefkasten, ein Treppengeländer usw.

Baustein „Kraut und Rüben“

Es darf alles gebaut werden, wozu man Lust hat.

Baustein Ritterburg oder Burganlage

Man baut eine Ritterburg mit allem, was dazu gehört: Burgfried, Zugbrücke, Stall, Brunnen, Abwehrmauer, Rittersaal. Bei dieser Aktion sollte man viel Platz einrechnen!

Baustein „Original oder Fälschung“

Es kann etwas gebaut werden, was man niemandem verrät. Später kann die Gruppe raten, was es geworden ist.

Baustein „Wohnungseinrichtung bauen“

Man legt einen bestimmten Raum einer Wohnung fest, den man nachbauen will, z. B. ein Wohnzimmer. Nun baut man alle Gegenstände des Wohnzimmers in Originalgröße nach. Mögliche Einrichtungsgegenstände: Sofa, Sessel, Couchtisch, Fernseher mit Fernbedienung, Beistelltisch, Schrank.

Baustein „Kinderstadt“

Ähnlich wie es im Folgenden noch bei den bunten Bausteinen vorgestellt werden wird, lässt sich auch aus Holzbausteinen eine Kinderstadt bauen. Auch hier sollte, wie bei der Ritterburg, viel Platz eingerechnet werden.
Dies kann als kleiner Baustein durchgeführt werden oder aber als eine eigene große und länger andauernde Aktion. Unter dem Motto „Kinder gestalten ihre eigene Stadt“ könnte eine Kinderwoche oder ein Wochenende stattfinden. Hierbei könnte man dann auch die Vorstellung der Kinder von einer guten und gerechten Stadt thematisieren.

Biblische Impulse

Ergänzen kann man die Bausteine mit biblischen Impulsen, die in der einen oder anderen Form einen Anklang an das Thema (Holz-)Bausteine haben.

> **» Tipp: Die Übergänge von den Holzbausteinen zu den bunten Bausteinen sind bei den Veranschaulichungsideen recht fließend, sodass man gerne Ideen für andere Bausteine und Aktionen übernehmen kann.**

Hier einige Vorschläge für Themen:

Auf was baust du dein Leben?

Bibelstelle: Matthäus 7,24-27 (das Haus auf dem Felsen)
Zielgedanke: Wer sein Leben auf den stabilen „Untergrund Jesus“ baut, dessen Leben wird nicht „weggeschwemmt“ werden, sondern von Jesus getragen und gehalten und kann Stürmen standhalten.
Merkvers: 1. Korinther 3,11
Veranschaulichung: In eine Kiste/Schüssel wird Sand gefüllt. Nun erzählt man mithilfe von bunten Hartplastikbausteinen, einer Gießkanne und dieser Kiste die Geschichte.

Schaut mal her, was ich für ein „toller Hecht“ bin!

Bibelstelle: 1. Mose 11,1-9
Zielgedanke: Oftmals haben wir uns nur selbst im Blick und meinen, alles selbst schaffen zu können. Das wird uns jedoch nicht gelingen. Gott will uns nicht uns selbst über-

lassen. Er hat durch seinen Sohn alle Barrieren durchbrochen! Er bietet uns seine Hilfe an! Ein Selbstbewusstsein, das sich auf ihn gründet, ist das richtige Selbstbewusstsein!
Merkvers: Epheser 2,17-22
Veranschaulichung: Passend zur Geschichte werden Bilder gezeigt, die Szenen der Geschichten mit Figuren und Hartplastikbausteinen nachgestellt zeigen.

Achtung Splitter!

Bibelstelle: Johannes 8,1-11
Zielgedanke: Es ist immer leichter, andere zu verurteilen, als seine eigenen Fehler zu erkennen! Jesus möchte, dass wir andere nicht vorschnell verurteilen und lieblos behandeln. Wir sollen lernen, zunächst selbst unser Leben in Augenschein zu nehmen und ungute Dinge zu verändern. Jesus will unsere Schuld vergeben. Wem vergeben ist, der ist auch barmherziger mit anderen!
Merkvers: Lukas 6,41
Veranschaulichung: Über eine Getränkekiste wird eine kleine Tischdecke gelegt. Eine weitere verdeckt den Spielaufbau aus Figuren aus dem Sortiment der Hartplastikbausteine und Deko. Jetzt beginnt man, die Geschichte nach den einzelnen Bibelversen zu erzählen.

Die Mauer Jerichos fällt! Vertrau voll und ganz auf Gott!

Bibelstelle: Josua 6,1-27
Zielgedanke: Ich kann immer auf Gott vertrauen.
Merkvers: Josua 1,9
Veranschaulichung: Die Geschichte wird mit Spielfiguren oder Männchen aus dem Sortiment der Hartplastikbausteine auf einem Tisch erzählt. Eine Tischdecke verdeckt den Spielaufbau und die Deko. Die Geschichte wird nach Bibelversen erzählt.

Klotz am Bein!

Bibelstelle: Jesaja 45,20.22
Zielgedanke: Mit allen Lasten unseres Lebens, die oft auch zu „Götzen" in unserem Leben werden, können wir zu Gott kommen und die Last bei ihm ablegen!
Merkverse: Psalm 3,9; 1. Petrus 5,7
Veranschaulichung: Die Geschichte wird anhand von Bildern aus einem Lucky Luke-Comic erzählt, auf denen die Daltons mit Kugel am Bein zu sehen sind.

Beispiel für die Verbindung von Bausteinen: Jungscharstunde

1. Begrüßung
2. Baustein „Warm spielen"
3. Baustein „Wer baut den höchsten Turm?"
4. Input „Auf was baust du dein Leben?" (Mt 7,24-27)
5. Baustein „Ritterburg oder Burganlage"

Megabaustelle

– EINE KINDERWOCHE MIT FAMILIENNACHMITTAG ZU NEHEMIA

von Jörg Bartoß

In einem tollen Rundum-Entwurf stellt Jörg Bartoß hier eine ganze Kinderwoche mit Holzbausteinen vor und hat gleich zwei Ideen für einen gelungenen Abschluss der Woche. Inhaltlich zeichnet er dabei die Geschichte von Nehemia und dem Mauerbau Jerusalems nach. Damit stellt er gleichzeitig die Megabaustelle der Liebenzeller Mission vor.

Thema: Vorsicht Baustelle
Bei der Kinderwoche mit dem Thema „Vorsicht Baustelle" wird deutlich, dass man sich in allen Lebenslagen auf Gott verlassen kann, er uns versorgt und auf uns aufpasst. Das durfte Nehemia erfahren, als er die Stadtmauer von Jerusalem wieder aufgebaut hat. Gott stand ihm immer zur Seite und hat ihn mit allem versorgt, was er gebraucht hat.

Die Geschichten von Nehemia sind auf fünf Einheiten verteilt und beinhalten den Blick auf den Mauerbau der Stadt Jerusalem. Die geschichtlichen Einheiten im Zusammenhang mit dem Bauen von Holzbausteinen sind ein super Erlebnis. Die Kinder verinnerlichen das Gehörte und verbinden es zum Beispiel mit dem gemeinsamen Bauen einer Holzbaustein-Stadt. Dieser Entwurf zeigt damit beispielhaft auf, wie ein „kleiner Programmbaustein" zu einer ganzen Kinderwoche ausgebaut werden kann. Von diesem vertiefenden Charakter können alle Kinder profitieren – ob sie Gott bereits kennengelernt haben oder hier das erste Mal von ihm hören.

Ablauf eines Kindertages

1. Begrüßung der Kinder im Plenum
- Singen
- Spiele mit den Holzbausteinen (z. B. Ziel treffen, Bausteine stapeln oder transportieren)
- Geschichte des Tages

2. Vertiefung in Kleingruppen
Dazu helfen verschiedene Fragen und Aktionen. In dieser Zeit sollen die Kinder noch einmal die Möglichkeit haben, über die Geschichte nachzudenken und darin Anwendung für ihr persönliches Leben zu finden.

3. Große Bauaktion
Die Kinder helfen Nehemia durch verschiedene angeleitete und freie Aktionen, die Mauer und die Stadt aufzubauen.

4. Abschluss Plenum
- Singen
- möglich: eine Fortsetzungsgeschichte
- Gebet
- Verabschiedung

Die thematischen Einheiten zu Nehemia

Die folgenden Einheiten bestehen jeweils aus einer kurzen Zusammenfassung der Geschichte, einem Einblick in die Lebenswelt der Kinder und was sie lernen können sowie Fragen und Aktionen für die Kleingruppenzeit.

1. Tag: Mit Gott mutig voran! (Neh 1,1 – 2,10)

Geschichte: Das Volk Israel war aus seinem Land in Gefangenschaft gebracht worden. Dies ist schon 70 Jahre her und nun kehren sie wieder zurück nach Israel. Nehemia war damals nach Susa ins persische Reich gebracht worden. Dort ist er Mundschenk bei König Artaxerxes. Er lebt jetzt gern dort und ist ein richtig guter Mundschenk. Eines Tages bekommt er Besuch von seinem Bruder Hanani. Dieser erzählt ihm von der schlimmen Situation in Jerusalem: Die Menschen dort versuchen, die Stadtmauer wieder aufzubauen, aber sie schaffen es nicht. Sie sind nun mutlos. Als Nehemia das hört, wird er sehr traurig. Er fängt an zu beten. Er betet sogar vier Monate lang, um von Gott Weisheit zu bekommen. Eines Tages fragt der König Nehemia, wieso er so traurig ist und was mit ihm los ist. Da wird Nehemia mutig. Er sagt dem König, was ihn bedrückt und dass er eine Bitte an ihn hat. Er würde gern nach Jerusalem fahren und dort die Stadtmauer aufbauen. Der König erlaubt ihm die Reise und gibt ihm zudem Baustoffe und Schutzwachen als Begleitung mit.

Blick für die Kinder: Die Kinder können an Nehemia sehen, wie cool und gut es ist, mit Gott über alles reden zu können und zu beten. Es braucht manchmal sehr viel Mut, um Aufgaben anzugehen. Gott gibt uns den Mut dazu, mit ihm im Team können wir mutig sein. Unsere Sorgen und Probleme können wir bei Gott abgeben.

Merkvers: 1. Petrus 5,7

Fragen für die Kleingruppe:
- Wie kann ich Gott kennenlernen?
- Wie kann ich mit Gott reden?

- Wo könnte ich heute so mutig sein wie Nehemia?
- Wie kann ich Gott mitnehmen (Schule, Freunde, Familie)?

Aktion Schuhkarton-Mauer: Die Kinder dürfen einen Schuhkarton bemalen und vorne sichtbar in der Mitte das Thema des Tages darauf schreiben. Dies kann jeden Tag mit dem jeweiligen Thema durchgeführt werden, sodass sie am Ende der Kinderbibelwoche ihre eigene Mauer besitzen und anhand ihrer Mauer an die Geschichte und an die Dinge, die Gott für uns tut und die wir mit Gott erleben können, erinnert werden.

2. Tag: Ich verlasse mich auf Gott! (Neh 2,11-20; 3,1-32; 3,33 – 4,17)

Geschichte: Nehemia zieht los und macht sich ein Bild von der Lage. Er stellt ein fähiges Team zusammen. Als er in Jerusalem ankommt, erstellt er sich eine Übersicht über alle Aufgaben und Tätigkeiten, die gemacht werden müssen. Danach bespricht er mit den obersten Priestern und dem Volk, was er vorhat. Zusammen sind sie sich sicher, dass sie ans Ziel kommen werden. Viele Leute werden auf die Baustelle gerufen. Jeder wird mit seinen Begabungen und Fähigkeiten an dieser großen Baustelle gebraucht. (Die Aufzählung der Leute in Kapitel 3 wird nur am Rande erwähnt, aber es ist wichtig zu sehen, dass so viele unterschiedliche Menschen mitgebaut haben, mit unterschiedlichen Berufen und Erfahrungen.) Als die Baustelle am Laufen ist, kommen viele Angriffe von außen. Aber das Volk steht unter Gottes Schutz und sie halten zusammen. Nehemia spricht mit Gott und will ihm gehorsam sein. So stellt er zwei Teams zusammen; das eine soll arbeiten und das andere aufpassen und die Mauer vor Angreifern beschützen. Immer wieder spricht Nehemia ihnen zu: „Habt keine Angst, Gott ist mit uns!"

Blick für die Kinder: Die Kinder können erleben, dass sie sich auf Gott verlassen können (egal was kommt) – und das mit einem großen Versprechen: „Gott lässt mich in Schwierigkeiten nicht im Stich!" Gott braucht viele unterschiedliche Menschen mit ihren Begabungen, wie bei Nehemia auf der Baustelle. So ist auch jedes Kind unterschiedlich und doch von Gott geliebt und begabt.

Merkvers: Nehemia 4,8c oder Römer 8,31

Fragen für die Kleingruppe:
- Was hilft mir, Gott zu vertrauen?
- Wer hilft mir, Gott zu vertrauen (ein Team / richtige Freunde)?
- Was/Wer tut mir gut und unterstützt meine Freundschaft zu Gott?

Aktion Hindernisparcours: Die Gruppe baut im Raum etwa vier ungefähr 10 cm hohe Hindernisse mit den Bausteinen auf. Dann werden Zweierteams gebildet. Ein Kind bekommt die Augen verbunden, das jeweils andere Kind führt das Kind mit den verbundenen Augen einen Weg und kommt dabei bei jedem Hindernis einmal vorbei. Das blinde Kind muss so geführt werden, dass es über jedes Hindernis steigt, aber keines dabei zerstört wird. Haben sie alle geschafft, wird die Augenbinde getauscht.

3. Tag: Streit und vorbei? (Neh 5,1-19)

Geschichte: Das Volk ist mitten in der Bauphase, aber nicht alle bauen mit. Eines Tages kommen Bauleute zu Nehemia. Sie beschweren sich, dass es einige Männer gibt, die nicht mitarbeiten und andere ausbeuten. Die Ärmeren verkaufen dabei schon in ihrer Verzweiflung ihre Felder und ihren Besitz, um zu überleben. Das machen sie, um an der Mauer arbeiten zu können. Nehemia hört das. Er ist richtig sauer auf die Ausbeuter und ruft alle zusammen. Er gibt ihnen den Blick, den Gott ihm damals gegeben hatte. Sie sollen füreinander da und ein Team für Gott sein. Nehemia bittet Gott um Weisheit und bekommt so die perfekte Lösung von ihm.

Blick für die Kinder: Es passiert so schnell unter Kindern, dass Streit entsteht und eine Freundschaft oder auch ein Team kaputtgeht. Es ist wichtig, dass man zusammenhält und sich gegenseitig vergibt. Das ist nicht immer leicht, aber wir wissen, dass Gott uns hilft zu vergeben! Gott wünscht sich, dass wir zusammenhalten.

Merkvers: Matthäus 6,14

Fragen für die Kleingruppe
- Wo gibt es bei uns Streit?
- Wie kann ich mit Gottes Hilfe im Streit so reagieren, dass die Freundschaft nicht kaputtgeht?
- Wo habe ich schon einmal geholfen, einen Streit zu schlichten?

Aktion Streitschlichter: Die Mitarbeitenden streiten sich (im Spiel) und die Kinder sollen schlichten! Wie machen sie es? Die Kinder können sich dabei gegenseitig Tipps geben. Gemeinsam werden Situationen aufgeschrieben oder Bilder aufgemalt, in denen die Kinder Streit erleben. Sie können als Grundlage für den Frageteil dieser Kleingruppenzeit genutzt werden.

4. Tag: Mit Gott sicher ans Ziel! (Neh 6,1-19)

Geschichte: Trotz starker Widerstände schaffen sie es, die Mauer aufzubauen. Aber Nehemia wird nun noch einmal richtig auf die Probe gestellt. Zwei Statthalter versuchen, ihn mit Lügen und sogar mit Mordversuchen zu stoppen, damit die Mauer nicht fertig wird. Aber Nehemia wird von Gott beschützt und er kann sicher sein, dass Gott bei ihm ist. Gott passt auf ihn auf, damit er nicht in eine Falle tappt. Nehemia sagt sich immer wieder „Jetzt erst recht!“ (Vers 3) und baut mit den Leuten weiter. Nach 52 Tagen ist die Mauer endlich fertig und die Stadttore sind eingebaut. Die Stadt ist wieder sicher. Nehemia erlebt, dass man mit Gottes Kraft alles schaffen kann.

Blick für die Kinder: Kinder können schnell entmutigt sein, wenn etwas nicht klappt, sie bei etwas scheitern. Egal ob es an ihnen oder an den Umständen liegt. Sie erleben immer wieder Widerstände, aber hier erfahren sie, dass wir mit Gott alles können und er uns hilft, alles durchzustehen. Für die Kinder soll Gott die Nummer eins in ihrem Leben sein. Es ist gut zu wissen: Wenn Gott im Leben der Kinder die Nummer eins ist, muss ihnen alles zum Guten dienen! Das hat Gott versprochen.

Merkvers: Matthäus 6,33

Fragen für die Kleingruppe

- Wie kann ich an Gott denken, auch wenn Dinge, die ich mir vornehme, nicht klappen oder es mal richtig schief läuft?
- Wie kann ich auf Gott hören und zu ihm halten, auch wenn Freunde oder andere Gott blöd finden?

Aktion Tischtennis-Ball: Auf einen Tischtennisschläger wird ein Stück Papier mit dem Wort GOTT darauf geklebt. Dann stellen sich alle Kinder auf eine Seite des Raumes, jedes Kind bekommt einen Tischtennisball, bis auf eines, das bekommt den präparierten Tischtennisschläger. Das Kind mit dem Schläger stellt sich nun auf die andere Seite des Raumes. Es hält den Schläger so vor den Kopf, dass es das Wort Gott lesen kann und sein Gesicht vor den anderen verdeckt ist. Sobald der Mitarbeiter / die Mitarbeiterin ein Startsignal gibt, soll das Kind auf die andere Seite laufen und dabei immer auf den GOTT-Zettel schauen. Die anderen Kinder dürfen in dieser Zeit das Kind mit Tischtennisbällen abwerfen.

Übertrag: Solange man auf das GOTT-Schild schaut, ist man nicht von den Bällen abgelenkt, kann einfach laufen und das Gesicht ist geschützt.

Bastelidee: Zielflagge basteln mit dem Spruch „Mein Ziel ist Gott!"

5. Tag: Freut euch! Familiengottesdienst (Neh 7,72b – 8,12)

Geschichte: Nehemia schaut auf alles zurück, was die letzten Tage und Monate passiert ist und wie Gott ihm Mut gegeben, ihn beschützt und ihn immer wieder ermutigt hat. (Hier kann man einen kurzen Rückblick über die letzten Tage und Kernaussagen einbauen.) Zum Abschluss des Mauerbaus lässt er nun ein Fest ausrichten. Dort werden die Schriftrollen aus der Thora vorgelesen und alle freuen sich daran, dass Gott da ist. Gott zu kennen und zu erleben, dass er auf einen aufpasst, ist das Größte und Wichtigste. Alle vom Volk sollen wissen: „Gott macht mich stark" (Neh 8,10). Nur so haben sie den Mauerbau geschafft.

Blick für die Kinder: Die Kinder haben nun viele Situationen mit Nehemia erlebt, die sie selbst in ihrem Alltag auch erleben. Immer wieder gibt es Herausforderungen in ihrem Leben: Klassenarbeiten, Leistungsdruck, Freunde, zu denen man dazugehören will, Mutproben, Streit ... Aber sie dürfen ebenso erleben, dass Gott sie stark macht (durch sein Wort und sein Versorgen), wie es Nehemia erleben durfte. In unserem persönlichen Leben und Erleben dürfen wir uns auf ihn verlassen.

Merkvers: Nehemia 8,10

Aktion nach dem Gottesdienst

- mit Bausteinen einen Turm auf Zeit bauen
- einen möglichst hohen Turm bauen
- jemanden einbauen
- jeder hat einen Baustein (vielleicht sogar einen richtigen Backstein) am Eingang bekommen oder er lag schon auf dem Sitz; nun bauen alle zusammen einen Turm oder eine Mauer (wir bauen zusammen am Reich Gottes und jeder ist wichtig)

Große Bauaktionen: Was man alles bauen kann!

Hier werden Grundbauten vorgestellt, die sich vielfältig variieren und einsetzen lassen.

Bauaktion: Rundturm

Die einfachste Bauaktion, die gut als Grundlage dient, ist der Rundturm. Die Bausteine werden in einen Kreis mit einem kleinen Abstand von ungefähr 1-2 cm gelegt, jede Reihe versetzt. Man muss gut üben, die Steine sauber aufeinanderzulegen. Denn je exakter und gerader man die Steine übereinanderlegt, desto sicherer und stabiler wird der Turm. Das gute und ordentliche Bauen ist besonderes wichtig, wenn man einen sehr hohen Turm bauen will. Baut man diesen Turm sehr gut, kann man sich später sogar auf den Rand des Turmes stellen. Wichtig: Dazu sollte er nicht höher als 1 m sein, denn sollte eine Stelle doch nicht ganz perfekt gebaut sein, könnte er einstürzen!

Bauaktion: Viereckturm

Etwas herausfordernder ist der Bau des Viereckturms. Hierbei braucht man einen genaueren Blick. Es ist wichtig, gute Ecken zu legen. Diese werden Reihe für Reihe immer abwechselnd gelegt, um eine saubere Kante zu haben. Wichtig ist, dass die Seiten gleich lang sind und immer die gleiche Anzahl der Steine in einer Reihe sind. Die Bausteinwände dürfen keine Dellen nach außen oder nach innen haben, sonst ist die Gefahr groß, dass der Turm einstürzt.

Bauaktion: Tore, Türen und Fenster

In die Bauwerke kann man auch Tore, Türen und Fenster einbauen. Am besten baut man erst einmal die Wände komplett auf und nimmt später die Bausteine für Tore, Türen oder Fenster wieder raus. Das muss ganz vorsichtig passieren und man braucht eine ruhige Hand. Es ist erstaunlich, wie gut das geht und wie groß man die Tore und Türen machen kann. Am geeignetsten sind die Rundbogentore. Man fängt unten in der Mitte an und nimmt für das Tor ein paar Bausteine heraus, dabei lässt man das Tor immer größer werden. Bei Fenstern ist es wichtig, diese nur klein zu machen und sie durch Bausteine oder Träger wieder abzustützen, damit sie nicht einfallen und schöner aussehen.

Bauaktion: Dach

Wenn man auf ein Bauwerk ein Dach bauen möchte, ist es wichtig, den Kreis, den man zum Beispiel für einen Rundturm braucht, immer kleiner werden zu lassen. Dazu kann man in jeder Runde mindestens einen Baustein weniger einbauen, um so den Kreis immer kleiner werden zu lassen. Bei einem Viereckturm muss man, wenn man ein Dach bauen will, auf die Rundturm-Variante wechseln, damit er sich schließt. Ein Viereck lässt sich anders nicht mit einem Dach schließen.

Kreatives Bauen

Wenn die Baumeister und Baumeisterinnen etwas Gefühl für die Bausteine und die Bauaktionen bekommen haben, werden sie meist selbst sehr kreativ beim Bauen. Man könnte Treppen bauen, die außen an ein Gebäude heranreichen. Hierfür muss man Bausteine von außen in die Löcher stecken und damit eine Treppe andeuten. Es können auch Brücken gebaut werden, die von einer Seite zur anderen gehen. Diese dürfen allerdings nicht zu lang sein, sonst muss man Träger dazwischensetzen. An dieser Stelle ist der Kreativität keine Grenze gesetzt.

Als besonderes Highlight – oder zum Abschluss – einer Kinderwoche kann es einen Familiennachmittag zum Thema geben. Im Folgenden wird ein Nachmittag voller Spielstationen gezeigt, der sich am Inhalt einer biblischen Geschichte orientiert:

Spielstationen für einen Familiennachmittag zu Nehemia

Bei diesen Stationen wird die ganze Geschichte von Nehemia noch einmal spielerisch erlebt. Hierbei ist die Reihenfolge der Stationen nicht wichtig. Die Familien können sich auf alle Stationen gleichmäßig verteilen und anfangen. Es ist gut, wenn man einen Laufzettel erstellt, auf dem alle Spielstationen aufgelistet sind und man die erzielten Ergebnisse eintragen kann.

Station 1: Vorkosten

Nehemia war Mundschenk des Königs. Er war für das Essen und Trinken des Königs zuständig. Für den König durfte es natürlich nur das Allerbeste sein.

Aufgabe: Bei dieser Station dürft ihr eure Fähigkeiten als Mundschenk unter Beweis stellen. Ihr braucht sechs Freiwillige aus eurer Gruppe (zwei Teams mit je drei Leuten). Mit geschlossenen Augen bekommt ihr verschiedene Dinge zu essen – und euer Job ist es, herauszufinden, was ihr da zu essen bekommen habt. Damit es für euch als Profi-Mundschenk nicht zu leicht wird, esst ihr die Dinge nicht nacheinander, sondern bekommt einen Löffel, auf dem gleich drei verschiedene Lebensmittel sind. Um die Lösung herauszufinden, könnt ihr euch in eurem Team austauschen.

» Achtung: Fragt bitte, ob jemand irgendwelche Lebensmittelallergien hat!

Punkte: Für jedes richtig erratene „Essen" gibt es einen Punkt.
Material: sechs verschiedene Lebensmittel (immer drei Leute bekommen das Gleiche), ein Plastiklöffel pro Mitspieler/Mitspielerin

- Löffel 1: Ketchup, ein Gummibärchen, ein Stück Gurke
- Löffel 2: Apfelmus, ein Stück Käse, ein Stück Salzstange

Station 2: Reise nach Jerusalem

Nehemia musste nach Jerusalem reisen, um die Mauer wieder aufzubauen. Wenn man so eine lange Reise auf sich nimmt, hat man viel Gepäck.

Aufgabe: Ihr habt keinen Koffer für die Reise, deshalb müsst ihr alles anziehen, was ihr mitnehmen wollt. Wählt einen Freiwilligen / eine Freiwillige aus eurer Gruppe aus. Innerhalb von 3 Minuten müsst ihr ihm/ihr so viele Kleidungsstücke wie möglich anziehen. Dazu nehmt ihr die Kleidung, die ihr selbst tragt.

» Achtung: Jeder Teilnehmer / jede Teilnehmerin muss selbst mindestens ein Oberteil und die Hose anbehalten. Schmuck kann auch verwendet werden.

Punkte: Für jeweils drei Kleidungsstücke gibt es einen Punkt (am besten nach den 3 Minuten die Kleidungsstücke nacheinander ausziehen und mitzählen).
Material: Stoppuhr

Station 3: Materialtransport

Der Plan, die Mauer neu aufzubauen, stand fest. Aber bevor die Arbeit beginnen konnte, musste erst einmal das ganze Material herbeigeschafft werden. Und da war Teamarbeit gefragt.

Aufgabe: Staffellauf: Alle Mitglieder einer Gruppe bilden Zweierteams und stellen sich hintereinander in einer Reihe auf: Einer/eine spielt die „Schubkarre" und krabbelt mit den Händen auf dem Boden, der andere / die andere hält die beiden Füße des Krabbelnden / der Krabbelnden fest. Das erste Team läuft los und holt am Ende der Strecke einen Gegenstand. Dieser wird auf dem Rücken „der Schubkarre" zurück zur Gruppe transportiert. Dort wird der Gegenstand deponiert. Jetzt ist das nächste Paar dran. Die Teilnehmenden müssen versuchen, so viele Dinge wie möglich in 4 Minuten zu transportieren.

Punkte: Pro Gegenstand bekommt die Gruppe einen Punkt.
Material: viele Gegenstände (z. B. Sack, Schuhkarton), Handschuhe für die „Schubkarren", Stoppuhr

Station 4: Fundament-Bau

Bevor die Mauer wieder aufgebaut werden konnte, mussten die Arbeiter erst ein festes Fundament bauen, damit die Mauer fest und sicher stehen konnte.

Aufgabe: Alle Mitglieder einer Gruppe stellen sich nebeneinander in einer Reihe auf. Auf einer Seite steht ein Eimer mit Sand. Auf der anderen Seite ein Messbecher (Plastikbecher). Jede Mitspieler / jede Mitspielerin bekommt einen Löffel in die Hand. Nun schaufelt der/die Erste beim Sandeimer Sand heraus und versucht, den Sand auf den Löffel der nächsten Person in der Reihe zu löffeln. Diese Person versucht es beim Nächsten und immer so weiter. Die Gruppe muss eine bestimmte Strecke zum Messbecher zurücklegen. Jeder Mitspieler / jede Mitspielerin stellt sich, wenn der Sand weitergegeben wurde, wieder hinten in der Reihe an, bis die Strecke überwunden ist. Wer dann vor dem Messbecher steht, schüttet den Sand hinein. Jetzt stellen sich wieder alle am Sandeimer auf. Ziel ist es, so viel Sand wie möglich in den Plastikbecher zu schaufeln. Die Gruppen haben 5 Minuten Zeit.

Punkte: Es gibt für jede erreichte Markierung im Messbecher einen Punkt.
Material: Plastiklöffel, Plastikbecher als Messbecher mit Markierungen, Eimer, Sand, Stoppuhr

Station 5: Gedächtnis-Training

Die Arbeiter an der Mauer mussten nicht nur körperlich fit sein, sondern auch schlau. An dieser Station wollen wir euer Wissen testen, was ihr noch alles aus der Geschichte wisst.

Aufgabe: Die Gruppe stellt sich an einer Linie auf. Gegenüber steht eine Kiste mit Styroporkügelchen. In dieser Kiste sind kleine Döschen mit Fragen versteckt. Ein Teilnehmer / eine Teilnehmerin rennt jeweils los, sucht ein Döschen und bringt es mit zur Gruppe. Die Gruppe muss nun die darin versteckte Frage beantworten. Nach Beantwortung läuft die nächste Person los und sucht eine neue Dose. Die Gruppe hat 5 Minuten Zeit. Nach Ablauf der Zeit werden alle Döschen wieder in der Kiste versteckt.

Fragen (weitere können überlegt werden):

- Wie hieß der Bruder von Nehemia? (Hanania)
- Warum war Nehemia in Babylon? (Er wurde dorthin entführt.)
- Mit welchen zwei Schwierigkeiten hatte Nehemia zu kämpfen? (Volk überzeugen, Angreifer bekämpfen)
- Was half Nehemia stark und ausdauernd zu sein? (Gebet)
- Als was arbeitete Nehemia beim König? (Mundschenk)
- Wie reagierte der König, als Nehemia ihm von seinen Plänen erzählte? (Er zögerte, ließ ihn aber ziehen.)
- Wie viele Helfer hat Nehemia? (zwei)
- In welcher Stadt baut Nehemia die Mauer wieder auf? (Jerusalem)

Punkte: Für jede richtige Antwort gibt es einen Punkt.
Material: Filmdöschen mit versteckten Fragen, Kisten, Styroporkügelchen oder anderes Füllmaterial, Stoppuhr

Station 6: Meterstab

Bauarbeiter müssen im Umgang mit Werkzeugen sehr geschickt sein. Hier könnt ihr euer Geschick unter Beweis stellen.

Aufgabe: Die Gruppe bekommt einen Meterstab. Nun wird ein Freiwilliger / eine Freiwillige ausgesucht. Dieser/diese bekommt von dem Mitarbeiter / der Mitarbeiterin einen vorgegebenen Begriff gezeigt. Der Freiwillige / die Freiwillige legt den Begriff mit dem Meterstab und die Gruppe rät. Die Gruppe hat 5 Minuten Zeit, so viele Begriffe wie möglich zu raten. Die Gruppe kann untereinander tauschen, wer mit dem Legen der Begriffe an der Reihe ist.

Begriffe: Haus, Fragezeichen, Treppe oder Ziehharmonika, Ball oder Kreis, Stern, Rechteck, Herz, Blume, Blitz, Kreuz (Bitte die Reihenfolge der Begriffe einhalten, damit alle die gleiche Chance haben.)

Punkte: Für jeden richtigen Begriff gibt es einen Punkt.
Material: Meterstab, Begriffe auf Zetteln, Stoppuhr

Station 7: Turmbau

Eine Mauer muss zum Schutz einen Aussichtsturm haben, damit die Bewohner / die Bewohnerinnen ihre Angreifer rechtzeitig von Weitem erkennen können. Der Turm sollte so hoch wie möglich sein.

Aufgabe: Die Gruppe hat 3 Minuten Zeit, einen Turm aus Schuhkartons zu bauen. Der Turm sollte so hoch wie möglich sein und natürlich stabil stehen können. Er muss 30 Sekunden ohne Hilfe stehen können.

Punkte: Die Gruppe bekommt für jeweils fünf verwendete Schuhkartons einen Punkt. Bleibt der Turm dazu auch noch die 30 Sekunden stehen, bekommt die Gruppe noch zwei Punkte dazu.
Material: Schuhkartons, Stoppuhr

Station 8: Aussichtspunkt

Nehemia und seine Bauarbeiter mussten immer auf der Hut vor Angreifern sein. Deshalb war es sehr wichtig, die Umgebung immer im Auge zu behalten, um Ungewöhnliches gleich zu entdecken.

Aufgabe: Jetzt seid ihr dran, die Umgebung zu erkunden. Dazu bekommt ihr als Gruppe ein Fernglas. Auf der Wiese, im Gebüsch oder im Baum (1 m^2 Fläche) sind ungewöhnliche Gegenstände versteckt. Ihr habt 7 Minuten Zeit, um diese zu entdecken und aufzuschreiben.

Punkte: Für jeweils zwei richtig entdeckte Gegenstände gibt es einen Punkt.
Material: Fernglas, Papier und Stift (um Begriffe aufzuschreiben), Gegenstände (z. B. Kuscheltier, Schwamm, Handschuh, Tasse, Schere, Zahnpastatube, Haarbürste, kleiner Besen, Kokosnuss, Flasche), Stoppuhr

Station 9: Fitnesstraining

Um so eine riesige Mauer zu bauen, wie Nehemia es vorhatte, mussten die Leute ganz schön viel Kraft haben. Sie mussten Steine schleppen, Sand schaufeln und waren immer auf den Beinen.

Aufgabe: Jetzt wollen wir schauen, wie fit ihr seid. Dazu dürft ihr Seilspringen. Ihr habt 4 Minuten Zeit, um möglichst oft über das Seil zu hüpfen. Jeder/jede aus der Gruppe muss mindestens einmal hüpfen. Es darf immer nur einer/eine zur gleichen Zeit hüpfen.

Punkte: Alle Hüpfer über das Seil werden gezählt. Für jeweils 20 Hüpfer gibt es einen Punkt.
Material: Stoppuhr, Springseil

Station 10: Muskelarbeit

Um eine Mauer zu bauen, braucht man viel handwerkliches Geschick.

Aufgabe: Eure Aufgabe ist es, innerhalb von 4 Minuten möglichst viele Nägel in einen Holzbalken zu schlagen. Wer dran ist, darf 5 Mal draufschlagen, dann ist der nächste Mitspieler / die nächste Mitspielerin dran (darf aber am gleichen Nagel weitermachen).

> **» Wichtig: Schlagt zur Vorbereitung die Spitze der Nägel schon ein bisschen ins Holz, damit sich die Mitspieler / Mitspielerinnen (vor allem die Kinder) nicht auf die Finger schlagen.**

Punkte: Für jeden reingeschlagenen (nicht verbogenen) Nagel gibt es einen Punkt.
Material: Hammer, Nägel, Holzbalken, Stoppuhr

Familienolympiade

z. B. als Gemeindefest

von Jörg Bartoß

Eine Familienolympiade ist eine schöne Möglichkeit, mit den Holzbausteinen verschiedene Spielstationen zu veranstalten. Die unterschiedlichen Spielstationen kann man gemeinsam als Familie meistern. Dies ist etwas ganz Besonderes für die Kinder. Für sie ist es toll und immer wieder ein Erlebnis, mit ihren Eltern gemeinsam zu spielen und in einer Olympiade für den Sieg zu kämpfen.
Die Spiele sind für alle Kinder machbar und bei den meisten wird immer die ganze Familie gebraucht. Es ist gut, wenn man einen Laufzettel erstellt, auf dem alle Spielstationen aufgelistet sind und auf dem man dann die erzielten Ergebnisse eintragen kann. Es gibt auch die Möglichkeit, eine weitere Spalte für einen zweiten Versuch zu erstellen, um seine Leistung noch einmal zu toppen und sich als Familie zu verbessern.
Damit es ein gerechtes Ergebnis bei unterschiedlich großen Familien gibt, können die Punkte an den Stationen durch die Anzahl der Personen geteilt werden oder – wenn es um Geschwindigkeit geht – es spielt immer die gleiche Anzahl an Familienmitgliedern.

Ablauf

1. **Begrüßung** zur Familienolympiade mit ein paar einführenden Worten. Hier könnte man auch noch gemeinsam ein Lied singen.

2. **Startschuss:** Die Familien können sich auf die Spielstationen verteilen. Es ist egal, wo und mit welchem Spiel die Familie anfängt, da es keine Reihenfolge in den Spielen gibt. Für manche Spiele braucht man mehr Zeit, andere Spiele gehen sehr schnell.

3. **Familienolympiade:** Diese kann eine Dauer von 60 bis 120 Minuten haben. Das ist abhängig von der Anzahl der Familien und der Freude am Spielen und Bauen.

4. **Abschlusszeit:** In dieser Zeit gibt es die Siegerehrung mit dem Preis für die beste Familie. Wer hat den höchsten Turm gebaut oder die längste Reihe aufgestellt? Es ist gut, wenn es nicht nur einen Gesamtpreis, sondern auch für jede Aktion, die mit Zeit oder Höhe gemessen werden kann, einen kleinen Preis gibt. Die Spiele, bei denen man keinen Sieger ermitteln kann, werden nur genannt. In diesen Teil kann man auch eine kurze Andacht einbauen. Gerade die Zeit, in der die Laufzettel ausgewertet werden müssen und die Familien warten, kann man gut für eine Andacht nutzen.

5. **Freies Spielen und Bauen:** Nach der Siegerehrung ist es immer schön, wenn die Kinder und auch der ein oder andere Erwachsene noch Zeit zum freien Spielen und Bauen haben. Dort werden die Kinder wieder sehr kreativ, die Türme und Bauwerke wachsen und werden immer schöner und toller.

Spielstationen

Kegeln

In einer Entfernung von 3 m werden Holzbausteine wie Kegel aufgestellt. Nun hat jeder Mitspieler / jede Mitspielerin drei Versuche, um mithilfe eines Golfballs so viele Bausteine wie möglich umzuwerfen. Es werden die umgefallenen Bausteine gezählt. Sollten alle umgefallen sein, werden sie wieder aufgestellt und die freien Versuche geworfen.
Material: Bausteine, Golfbälle

Zielwerfen

In einem Abstand von 4 m stehen vier unterschiedlich große Gefäße, z. B. Eimer, Bauhelm, Kiste, Dose ... Für jedes Gefäß gibt es unterschiedlich viele Punkte. Nun werden von einer Abwurflinie aus Bausteine in die Gefäße geworfen. Wer schafft es, mit zehn Bausteinen die meisten Punkte zu erreichen?
Material: vier unterschiedlich große Gefäße, Bausteine

Domino

Die Familie hat 5 Minuten Zeit, aus den Bausteinen eine möglichst lange Domino-Reihe zu bauen. Die Reihe muss so aufgebaut sein, dass am Ende mit einem Anstoß alle Steine umfallen. Jeder Stein, der wirklich umfällt, wird gezählt.
Material: Bausteine, Stoppuhr

Nackte Füße

Die Familie setzt sich in eine Reihe. An einem Ende der Reihe liegen Bausteine. Diese müssen mit nackten Füßen ans andere Ende der Reihe gebracht werden, indem sie die Bausteine von Fuß zu Fuß weitergeben, ohne ihren Sitzplatz zu verlassen. Am Ende werden alle Bausteine, die mit den Füßen transportiert wurden, gezählt. Die Steine dürfen während des Transportes nicht auf die Erde fallen. Für diese Aufgabe sind 4 Minuten Zeit.
Material: Bausteine, Stoppuhr

Schneller

Die Familie versucht so schnell es geht, einen hohen Turm aus Bausteinen zu bauen. Wie hoch wird der Turm in 3 Minuten gebaut? Der Rekord wird notiert und kann jederzeit gebrochen werden. Welche Familie schafft es, den höchsten Turm in der Zeit zu bauen?
Material: Bausteine, Stoppuhr, Tafel und Kreide

Eingebaut

Die Familie sucht einen Freiwilligen / eine Freiwillige aus. Dieser/diese wird von den Bausteinen eingebaut. Wer schafft es, den Freiwilligen / die Freiwillige komplett (Turm

mit Deckel) einzubauen? Hier wird die Zeit gestoppt. Die Familie, die am schnellsten jemanden eingebaut hat, gewinnt.
Material: Bausteine, Stoppuhr

Kugelbahn

Die Familie versucht aus Bausteinen eine Kugelbahn zu bauen. Wer schafft es, die längste Kugelbahn in 5 Minuten zu bauen. In dieser Kugelbahn muss dann ein Tischtennisball (schwerer ist es mit einer Murmel) rollen. Die Familie mit der längsten Kugelbahn, die auch die Kugel transportiert, gewinnt.
Material: Bausteine, Murmel oder Tischtennisball, Stoppuhr

Holzwackelturm

Es wird aus Bausteinen ein Turm gebaut. Jede Ebene des Turms besteht aus vier Bausteinen – entweder flach (einfach) oder hochkant (schwer). Jede nächste Ebene wird überkreuzt zur vorherigen Ebene aufgebaut. Wenn ungefähr 10-15 Ebenen gebaut wurden, beginnt das Spiel. Es spielen zwei Familien gegeneinander. Der erste Spieler / die erste Spielerin versucht vorsichtig, aus dem unteren Bereich (die oberen drei Ebenen dürfen nicht verwendet werden) einen Baustein zu entfernen. Hat er/sie es geschafft, legt er/sie den Baustein oben auf den Turm (Bauweise wie die unteren Ebenen). Das Spiel geht so lange weiter, bis bei einem Spieler / einer Spielerin der Turm umfällt.
Material: Bausteine

Bauwerke

Die Familie baut eines von zehn berühmten „Bauwerken" nach einer Vorlage nach. Als Vorlage sucht man sich im Internet zehn Fotos von berühmten Bauwerken (z. B. Brandenburger Tor, Eiffelturm, Tower Bridge). Die Familie hat 20 Minuten Zeit, dieses so genau wie möglich zu bauen. Wer baut das originalgetreuste Bauwerk?
Material: Bausteine, Stoppuhr, Bauvorlagen

Make a Break

Es werden sechs Holzbausteine in unterschiedlichen Farben angemalt (Weiß, Schwarz, Orange, Rot, Blau, Grün; je ein Mal). Dann müssen zehn Vorlagen überlegt werden, wie man die Steine aufstellen könnte und Fotos davon gemacht werden. Die Familie hat die Aufgabe, die zehn Vorlagen so schnell wie möglich, eine nach der anderen, nachzubauen. Es wird die Zeit gestoppt und die Familie, die am schnellsten ist, hat gewonnen.
Tipp: Man kann es auch mit Schuhkartons als XXL-Version spielen.
Material: Holzbausteine/Schuhkartons, Farben, Pinsel, Fotos als Vorlagen, Stoppuhr

Natürlich lassen sich die einzelnen Spielstationen auch in anderer Zusammensetzung im normalen Gruppenprogramm nutzen. Hier sind der Fantasie keine Grenzen gesetzt.

Baustein-Welten

– EIN WOCHENENDE

von Kathinka Hertlein

In den folgenden Kapiteln „Baustein-Welten“ beschreibt Kathinka Hertlein neben tollen Konzepten für verschiedene Anlässe auch das Konzept der Baustein-Welt im Bayerischen Jugendverband „Entschieden für Christus“ (EC). Außerdem finden sich dazwischen einige Ideen von Heiko Metz, die ebenfalls dort erprobt wurden.

Idee und Ziele

Eine Baustein-Welt an einem Wochenende ist echt eine gute Idee! Da trifft sich ein Team von Mitarbeitenden einer Gemeinde, organisiert viele, viele Bausteine, kümmert sich um Programm, Tische und Räumlichkeiten und dann kann es auch schon losgehen: Es werden viele Kinder eingeladen und zusammen bauen Mitarbeitende und Kinder eine richtig schicke Stadt aus Bausteinen. Dazwischen gibt es Baupausen mit Snacks, Liedern, biblischen Geschichten und vertiefenden Kleingruppen. Freitagnachmittag geht es los und Sonntagvormittag endet das Projekt mit einem Familiengottesdienst.

Eine Baustein-Welt am Wochenende ist ein schönes Projekt für die Arbeit mit Kindern einer Gemeinde, da es überschaubar ist und sich gut strukturieren lässt. Nicht nur Kinder aus der Gemeinde können kommen, sondern es können auch Kinder aus dem Umfeld eingeladen werden.

Zeit und Raum

Ein Baustein-Welt-Wochenende lässt sich eigentlich an allen Wochenenden durchführen, vielleicht sogar als ein besonderes Highlight am Ferienende oder -beginn. Die Räumlichkeiten sollten ausreichend groß sein (siehe Hinweise bei den Rahmenbedingungen). Neben dem Gemeindehaus können vielleicht Stadthalle, Turnhalle oder sogar die örtliche Grundschule angefragt und angemietet werden, damit man ausreichend Platz hat.

Das Programm für ein Wochenende

Themen

Bei einem Baustein-Welt-Wochenende wird es viel um Bauen, Spielen und Singen gehen, aber neben diesen einzelnen Programmelementen ist es wichtig, sich ein Thema zu überlegen. So werden biblische Inhalte vermittelt und viele der fremden Kinder hören zum ersten Mal Geschichten von Gott. Eine Baustein-Welt ist also eine riesengroße Chance, um den Kindern eine gute Botschaft zu vermitteln und ihnen wertvolle Gedanken mitzugeben. Thematisch ist es eine schöne, runde Sache, wenn die Themen aufeinander aufbauen und von Freitag bis Sonntag einen roten Faden haben. Das kann durch das Motiv in den Geschichten geschehen, z. B. Bauen, Häuser oder Teamwork. Gut eignen sich auch Geschichten aus dem Alten Testament, die man in drei Teile teilt. So haben die Kinder jeden Tag neu einen Anreiz zu kommen. Hier wären geeignete Geschichten z. B. Davids Salbung zum König, sein Kampf gegen Goliath und schließlich seine Freundschaft mit Jonathan fürs Leben. Diese Geschichten lassen sich mit Bildern aus Bausteinen veranschaulichen. Diese kann man entweder selbst machen oder Bilder von Brendan Powell Smith (z. B. aus seinem Buch „Das Alte Testament in ganz neuem Gewand", Lübbe, Köln 2013) verwenden. Dadurch wird auch ein Bezug zu den Bausteinen hergestellt. Geschichten aus dem Alten Testament haben den Vorteil, dass sie oft unbekannter sind als die „klassischen" Jesus-Geschichten und sie einen guten Einstieg in biblische Themen bieten, ohne das Wochenende zu überlasten. Außerdem erzählen sie oft von Beziehungserlebnissen. Da geht es um Freunde, Verwandte, Neid, Streit und Liebe. Das alles sind Dinge, die alle Kinder aus ihrem eigenen Erleben nachvollziehen können – damit habt ihr einen wunderbaren Anknüpfungspunkt für die erzählte biblische Geschichte und ihren Inhalt.

Bauphasen

Das Programm für das Wochenende besteht hauptsächlich aus Bauphasen, die von anderen Programmpunkten unterbrochen werden.

Nach einer kurzen Begrüßung gibt es eine Einführung ins Bauen, Regeln werden erklärt, Baugruppen gebildet und dann geht es los: Gemeinsam bauen alle Baugruppen an einer großen Stadt. Zunächst gibt es nur Straßen und viele leere Flächen, auf denen Zettel mit Häuserarten stehen.

> **» Tipp: Wer größere Wasserflächen in seine Stadt einbauen möchte, kann dies natürlich mit blauen Grundplatten tun. Weil auf Wasser ja aber selten Gebäude oder Ähnliches stehen, braucht es vielleicht gar keine Platten und es reicht ein blauer Müllsack, den man mit doppelseitigem Klebeband am Tisch befestigt. So lässt sich die Wasserfläche variabler bestimmen.**

Die Baugruppen erhalten dann entweder Bausätze oder eine grüne Grundbauplatte, auf der das Bauwerk entsteht. So wachsen dann Hochhäuser, Hotels, Krankenhäuser und einige Wohnhäuser in die Höhe. Wenn eine Baugruppe fertig ist, bekommt sie neue Bauaufträge. Zur Halbzeit werden dann Fahrzeuge, Flugzeuge und Schiffe vergeben, und zuletzt wird die Stadt mit Blumen, Tieren und Menschen geschmückt und bespielt.

Wie sieht so etwas dann konkret aus? Die folgenden Bilder zeigen ganz grob, wie eine Stadt aus bunten Bausteinen entsteht:

Plenum

Die Bauphasen werden von Plenumsveranstaltungen unterbrochen. Freitag und Samstag gibt es jeweils ein Plenum, das ungefähr 30 Minuten dauert. Dazu unterbrechen die Kinder das Bauen und setzen sich in Stuhlreihen oder auf einen großen Teppich, sodass sie das Programm auf der Bühne mitbekommen. Eine kleine Band oder ein Gitarrenspieler / eine Gitarrenspielerin singt mit allen Kindern zwei bis vier gemeinsame Lieder, die mit vielen Bewegungen zum Mitmachen motivieren. Danach kann es ein kurzes, lustiges Spiel geben, das zur Geschichte passt und mit Bausteinen zu bewältigen ist. Wie wäre es zum Beispiel zum Thema „David und Goliath" mit einem Wettspiel in zwei Gruppen, wer den höchsten Turm innerhalb von 2 Minuten baut? Die Geschichte wird packend erzählt und mit Szenenbildern – natürlich aus Bausteinen – hinterlegt.

Kleingruppen

Nach dem Input gibt es 30 Minuten Zeit für Kleingruppen. Hierzu werden die Kinder altersgerecht in kleine Gruppen von 8-12 Kindern aufgeteilt, zu denen sich je ein Mitarbeiter / eine Mitarbeiterin gesellt (Schlüssel: pro acht Kinder ein Mitarbeiter / eine Mitarbeiterin). In diesen Kleingruppen wird das Gehörte thematisch vertieft, die Geschichte wiederholt, Spiele gespielt, gebastelt und gebetet. Der Mehrwert der Kleingruppenarbeit liegt darin, dass die Mitarbeitenden Beziehungen zu den Kindern aufbauen und im kleinen Rahmen Fragen gestellt werden können.

Geländespiel

Da am Samstag viele Stunden gemeinsam gebaut wird und Plenum und Kleingruppen drinnen stattfinden, ist es für Mitarbeitende und Kinder richtig gut, nach draußen zu

gehen und für ungefähr eine Stunde ein Geländespiel zu spielen. Das hilft den Kindern, sich auszupowern und zu toben und sich dadurch wieder besser auf das Bauen konzentrieren zu können. So kann man ein Geländespiel Samstag nach dem Mittagessen oder mitten am Nachmittag ansetzen. Schön ist es natürlich, wenn das Geländespiel thematisch zu Bausteinen passt.
Ein passendes Geländespiel findet sich z. B. am Ende des Kapitels, Seite 67.

Gemeinsame Mahlzeiten

Grundsätzlich ist es wichtig, Getränke für die Kinder bereitzuhalten, damit sie ausreichend trinken. Daneben ist es gut, wenn es Freitag- und Samstagnachmittag eine Keks- oder Kuchenpause gibt, damit sich alle stärken können. Ein gemeinsames Mittagessen am Samstagmittag, das von Spaghetti mit Tomatensoße bis zu Wienerle im Brötchen reichen kann, sollte ebenfalls bedacht werden. Wer mag, kann nach dem Familiengottesdienst noch einen Imbiss reichen oder zum Kirchenkaffee einladen.

> Dabei kann man sich kreativ so richtig austoben! Bei einer Baustein-Welt hatte sich die Gemeinde besonders viel Mühe mit der Dekoration gegeben. Das hörte beim Essen nicht auf. Die Köchinnen hatten einige große, rote Bausteine in die Tomatensauce geschmuggelt. Die Kinder hatten einen Riesenspaß beim Suchen und Essen. Natürlich sollte man darauf achten, dass für so eine Aktion die Bausteine nicht nur sauber, sondern vor allem so groß sind, dass sie auffallen und niemand Gefahr läuft, sie wirklich „zu essen“. (Heiko Metz)

Familiengottesdienst

Den Abschluss des Wochenendes bildet der Familiengottesdienst, zu dem nicht nur die Kinder, sondern auch deren Familien eingeladen sind. Neben dem Abschluss der Geschichte und dem gemeinsamen Singen können noch Bilder des Wochenendes gezeigt und die kleinen Baumeister können dazu interviewt werden. Vielleicht bietet sich sogar ein Quiz oder ein Spiel zur Predigt an. Nach dem Gottesdienst wird die Baustein-Stadt dann gemeinsam eröffnet, indem beispielsweise ein Flatterband vor der Stadt durchgeschnitten wird. Danach kann gespielt und fotografiert werden. Damit ist der Familiengottesdienst ein schöner Abschluss des Wochenendes, bei dem man die Eltern der Kinder kennenlernen kann und diese die Gemeinde näher betrachten können.

Der Ablauf des Wochenendes

Ein Wochenende mit der Baustein-Welt könnte dann so aussehen:

Freitag

13.30 Uhr Aufbau mit 2-3 Mitarbeitenden
15.15 Uhr Treffen mit allen Mitarbeitenden, Gebet

16.00 Uhr	Ankunft der Kinder: Begrüßung und Einführung ins Bauen
16.45 Uhr	Plenum: Lieder, Spiele, Geschichte
17.15 Uhr	Kleingruppen und Kekspause
17.45 Uhr	Bauen
18.30 Uhr	Ende, Aufräumen, Mitarbeitenden-Feedback

Samstag

09.00 Uhr	Treffen mit allen Mitarbeitenden, Gebet
10.00 Uhr	Ankunft der Kinder: Begrüßung und Einführung ins Bauen
11.00 Uhr	Plenum: Lieder, Spiele, Geschichte
11.30 Uhr	Kleingruppen
12.00 Uhr	Mittagessen
13.00 Uhr	Geländespiel
14.00 Uhr	Kekspause
14.20 Uhr	Bauen, Dekorieren
17.00 Uhr	Ende, Aufräumen, Mitarbeitenden-Feedback

Sonntag

09.30 Uhr	Treffen mit allen Mitarbeitenden, Gebet
10.00 Uhr	Begrüßung
10.05 Uhr	Lieder
10.15 Uhr	Rückblick mit Fotos
10.23 Uhr	Lied
10.28 Uhr	Baustein-Spiel
10.35 Uhr	Lied
10.40 Uhr	Geschichte
10.55 Uhr	Lied
11.00 Uhr	Verabschiedung, Infos, Segen

danach: Stadt bestaunen, fotografieren, spielen und Abbau

Hinweise und Tipps

Finanzen: Häufig ist so ein Projekt ja teuer und man überlegt, ob man von den Kindern einen Kostenbeitrag erheben sollte oder nicht. Eigentlich braucht man kein schlechtes Gewissen zu haben, einen Kostenbeitrag pro Kind (pro Geschwisterkind dann vielleicht einen Euro weniger) zu erheben, da man ja ein tolles Programm inklusive Mittagessen am Samstag für die Kinder bietet. Auch Spenden im Gottesdienst dafür zu sammeln, kann helfen, die Kosten zu stemmen.

Weitere Idee: Wie wäre es, statt eines Wochenendes für Kinder eine Baustein-Welt für Eltern mit ihren Kindern durchzuführen? Dafür benötigt man weniger Mitarbeitende und es ist großartig, ein Projekt für Familien anzubieten, bei dem sie ein ganzes Wochenende Zeit miteinander verbringen, bauen, lachen und sich austauschen können.

Capture the Brick

– EIN BAUSTEIN-GELÄNDESPIEL

von Kathinka Hertlein

Gruppengröße
ab 8 Personen (einige Mitarbeitende zusätzlich)

Altersgruppe
ab 6 Jahren

Material
- 3-10 große Hartplastikbausteine in einer Farbe pro Kleingruppe
- Flatterband zur Markierung
- Bänder o. Ä. zur Kennzeichnung der Gruppen in den Farben der Bausteine

Kurzbeschreibung
Geländespiel auf Schnelligkeit und Taktik

Spielidee
Die Kinder werden in Kleingruppen aufgeteilt, haben ein Lager mit Bausteinen und müssen nun ihre Bausteine beschützen und die Bausteine der anderen Teams klauen. Ein rasantes Spiel mit Taktik!

Ort
„Capture the Brick" spielt man am besten auf einem großen Gelände. Dafür eignet sich ein Wald, eine Wiese, ein Sportplatz oder ein übersichtliches Gelände in der Stadt oder dem Dorf. Gut ist es, wenn es so groß ist, dass die Kinder rennen können, um in ein gegnerisches Lager zu kommen.

Spielzeit
30-90 Minuten

Vorbereitung
Die Kinder werden in zwei bis vier Kleingruppen aufgeteilt. Jede Gruppe erhält drei bis zehn große Bausteine einer Farbe, die sie beschützen muss. Jede Gruppe kann gleichfarbige Bänder oder Lederbänder als Kennzeichnung bekommen. Wenn nötig erhält jede Gruppe ein Stück Flatterband, mit dem sie einen kleinen Bereich (1 m x 1 m) als ihr Lager abgrenzen kann, in dem die Bausteine lagern.

Story

Ein reicher Geschäftsmann würde gern ein schickes, vornehmes Haus in unserer Stadt errichten. Ein echter Traum für jedes Baubüro – was man da nicht alles planen, bauen und errichten kann! Dafür vergibt der Millionär den Bauauftrag an unterschiedliche Bauplanungsbüros. Die Büroteams haben auch schon richtig gute Ideen für die prächtige Villa des Millionärs. Aber leider herrscht in der Stadt akute Steinknappheit! Es gibt einfach Lieferschwierigkeiten. Deshalb sind die Bauplaner äußerst listig, passen gut auf ihre Bausteine auf und klauen im gnadenlosen Konkurrenzkampf den anderen Baubüros die Steine. Denn: Das Bauplanungsbüro mit den meisten Bausteinen erhält den Auftrag des Millionärs!

Ablauf

Das Ziel des Spiels ist es, die Bausteine der gegnerischen Teams zu klauen und ins eigene Lager zu bringen, während gleichzeitig dazu die eigenen Bausteine beschützt werden müssen. Wird ein gegnerischer Spieler gefangen, so muss dieser sofort wieder zurück zu seinem Lager gehen und dort eine Minute warten. Das Spiel endet nach einer bestimmten Zeit (15 Minuten). Die Punkte, also die ergatterten Bausteine, werden gezählt. Es können mehrere Runden gespielt werden. Pro geraubten Stein bekommt die Gruppe einen Punkt. Die Gruppe mit den meisten Punkten nach allen Runden gewinnt!

Tipps

- Wichtig ist bei diesem Spiel die sogenannte Katzenwache zu unterbinden. Das heißt, Spieler dürfen ihre Bausteine nicht zu dicht am Lager bewachen, sondern sollten Abstand halten, damit sich das Spiel entwickeln kann.
- Wer mag, kann Mitarbeitende als Räuber (vom Schwarzmarkt) ins Spiel schicken, die alle Kinder abschlagen, sodass sie eine Minute warten müssen. Dadurch wird das Spiel noch rasanter! Man kann jeder Gruppe auch farblich unterschiedliche Wollbänder geben, die alle ums Handgelenk tragen. Dieser Faden dient als Lebensbändchen. Wenn ein Kind gefangen worden ist, muss es sein Lebensbändchen beim Gegner / bei der Gegnerin abgeben und erhält bei einem Mitarbeiter / einer Mitarbeiterin ein neues Band. Die Lebensbändchen zählen bei der Punktewertung als ein Punkt.

Baustein-Welten

– EINE KINDERWOCHE

von Kathinka Hertlein

Idee und Ziele

Wie wäre es denn, nicht nur ein Wochenende lang mit begeisterten Kindern zu bauen, zu erzählen und Geschichten über Gott und seine Welt zu hören, sondern das Projekt auf eine Woche auszuweiten und gleich eine ganze Kinderwoche daraus zu machen? Dort hat man dann länger Zeit für die Kinder und ein noch intensiveres Miteinander. Auch eine Kinderwoche ist ein zeitlich begrenztes Projekt, das zu einem schönen Highlight im Jahreskalender einer Gemeinde werden kann. Mehrere Tage sieht man Kinder und Mitarbeitende, baut wirklich hohe Bauwerke und kann echte Beziehungen knüpfen. Das Besondere an einer Kinderwoche mit Bausteinen ist nun vielleicht nicht, dass es eine Woche dauert, sondern dass Kinder und Mitarbeitende an einem gemeinsamen Ziel – einer Stadt aus Bausteinen – arbeiten. Das motiviert und spornt an!

Zeit

Bedenkenswert ist die Zeitplanung einer Kinderwoche. Hier gibt es mehrere Aspekte zu bedenken:

Zu welchem Zeitpunkt soll die Kinderwoche stattfinden?

Wäre vielleicht innerhalb der Ferien eine gute Zeit? Das wäre toll, weil man berufstätigen Eltern damit einen Dienst erweist, die ihre Kinder dort gut betreut wissen. Außerdem kann man sich dafür häufig ins Ferienprogramm der Städte und Gemeinden eintragen lassen, die sich sehr über Anbieter freuen! Allerdings kann es sein, dass Kinder und Mitarbeitende sich während Ferienzeiten im Urlaub befinden und nicht kommen können. In den Schulzeiten muss man jedoch beachten, dass Kinder aufgrund von Ganztagsschulen, Hausaufgabenstress oder persönlichen Freizeitterminen nicht kommen können oder an einzelnen Tagen fehlen.

Wie lange soll die Kinderwoche dauern?

Vielleicht von Montag bis Sonntag, wobei der Sonntag mit einem Familiengottesdienst gefeiert werden kann? Oder doch lieber von Montag bis Freitag und man feiert mit den Eltern die Stadteröffnung mit einem gemeinsamen Grillfest? Hier gibt es kein Richtig oder Falsch, sondern man kann frei mit dem Team vor Ort abwägen, welcher Zeitrahmen am besten für Mitarbeitende, Kinder und die Situation vor Ort ist.

Und wie ist es mit der Länge eines Kinderwochentages?

Lieber nur wenige Stunden am Nachmittag oder sogar einen ganzen Tag mit gemeinsamen Mittagessen? Beide Varianten haben Vor-und Nachteile. Ein gemeinsamer Tag ist zwar anstrengender und bedarf mehr Mitarbeitender, jedoch ist er auch intensiver und gemeinschaftsfördernder. Eine Kinderwoche an Nachmittagen hat den Vorteil, dass das zu gestaltende Programm kürzer ist. Letztendlich hängt die Dauer der Kinderwoche auch von der Menge der Bausteine und der Anzahl der Kinder ab: Je mehr Kinder kommen und je länger gebaut wird, desto mehr Bausteine braucht man dafür. Daher sollte man die Bauzeiten gut planen, damit noch bis zuletzt gebaut werden kann.

» Tipp: Beim Bau einer Stadt kann man in verschiedenen Bauphasen planen, damit der Überblick und die Zeitplanung leichter fällt. Z. B. ist es im Rahmen der Baustein-Welt im EC Bayern so, dass die Kinder drei Möglichkeiten haben, sich bauend einzubringen:

1. Bau von Reihenhäusern (Häuser, die nach einem festgelegten Schema gebaut werden und wenig kreativen Spielraum lassen. Hier können auch junge und ungeübte Bausteinbauer/Bausteinbauerinnen ohne Probleme einsteigen. Diese Häuser sind vom Platzbedarf eher gut zu planen.)
2. Bau von Bausätzen (Bausätze von Bauernhof, Bahnhof o. Ä.) Dies entspricht oft am ehesten dem Bauen mit Bausteinen, das Kinder kennen – einige haben vielleicht denselben Bausatz zu Hause und freuen sich, ihn hier auch aufbauen und nutzen zu können.
3. Freie Bauten, für die es keinen Bausatz und keine Vorlage, sondern nur einen groben Arbeitsauftrag gibt (ein Schwimmbad, ein Stadion, ein Fernsehturm, der Nachbau bekannter Bauwerke ...) Dies ist am herausforderndsten für die Kinder, benötigt am meisten Zeit und vielleicht auch Hilfe.

» So ist für jeden etwas dabei und man kann über die Menge der Bauprojekte, die man an Baugruppen vergibt, sehr gut den Material- und Platzbedarf für die Bauzeit abschätzen. Je mehr Bauprojekte man in petto hat, mit denen man variieren kann, desto größer ist natürlich die Steuerungsmöglichkeit. (Heiko Metz)

Das Programm für eine Kinderwoche

Themen

Thematisch variiert eine Kinderwoche nicht von einem Wochenende mit Bausteinen (siehe Seite 62). Allerdings hat man mehr Zeit zur Verfügung. Hier bieten sich Geschichten über das Leben einer Person aus der Bibel an. Dadurch variieren die Tage thematisch und man hat trotzdem einen roten Faden. Dafür eignet sich zum Beispiel die Geschichte Gottes mit Abraham: Er wird von Gott gerufen seine Heimat zu verlassen, Gott verheißt ihm eine so große Nachkommenschaft wie die Sterne am Himmel, Ismael wird geboren, er begegnet Gott in Mamre, er betet und schließlich wird Isaak als verheißener Sohn geboren.

Programm

Es gibt Bauzeiten, gemeinsame Mahlzeiten oder Snacks, Plenumstreffen mit vertiefenden Kleingruppen und natürlich Geländespiele zum Toben. Je nachdem wie lang ein Tag auf einer Kinderbibelwoche ist, ist es gut, daneben noch ein Alternativprogramm zu haben und Bauzeiten immer wieder zu unterbrechen. Wie wäre es zum Beispiel mit einem gemeinsamen Ausflug oder Schwimmen im Dorfsee?

Sehr gut bieten sich auch Workshops am Nachmittag an. So kann man neben Geländespielen thematisch passende Workshops zu Bausteinen anbieten. Workshops sind kreative Einheiten von zwei Stunden, in denen Kinder selbstständig unter Anleitung etwas erarbeiten können. Beispiele für Workshops wären: Kuchen in Baustein-Form backen, Schmuck aus Bausteinen basteln oder Bausteine aus Holz anfertigen. Schön wäre auch ein Theaterworkshop zur Abschlussgeschichte. Das Stück könnte dann den Eltern vorgespielt werden. Oder es wird ein kleiner Videoclip mit Geschichten in der Baustein-Stadt gedreht. Entweder führen die Kleingruppenmitarbeitenden mit allen Kinder jeweils denselben Workshop durch oder es finden sich Mitarbeitende, die sich auf einen Workshop am Tag spezialisieren, den die Kinder dann jeweils am Vormittag wählen können.

Ketten aus Bausteinen basteln

Gruppengröße: eine Kleingruppe aus 3-12 Kinder (und einige Mitarbeitende dazu)
Altersgruppe: ab 6 Jahren
Material pro Kind: Alleskleber, 1 Leder- oder stabiler Stofffaden, 1 flacher einreihiger Baustein mit einer Öse oben 1 x 1, 2 flache einreihige Bausteine 1 x 4, 2 flache einreihige Bausteine 1 x 3, 6 flache einreihige Bausteine 1 x 2, 2 flache einreihige Bausteine 1 x 1

Aus den verschiedenen Bausteinen wird eine dreilagige Kreuzkette gebastelt. Dafür werden die Bausteine aufeinander geklebt und so gelegt, dass die Balken des Kreuzes miteinander verbunden sind. Zunächst werden als Basis ein 3er-Stein und ein 4er-Stein hintereinandergelegt. Zwei 1 x 2-Bausteine werden im Abstand von 2 Knöpfen von oben an den dritten Knopf rechtwinkelig angelegt, sodass ein Kreuz entsteht. Auf den äußersten Knopf wird der Baustein mit der Öse geklebt. Die Querbalken werden mit einem 1er-Stein und einem 4er-Stein verbunden und ein 1er-Stein und ein 4er-Stein werden in die entstandenen Lücken der Basis geklebt. Wer mag, kann noch einen 3er-Stein und vier 2er-Steine als dritte Schicht aufkleben. Zuletzt wird das Band durch das Kreuz gefädelt. Die geklebten Bausteine einige Stunden trocknen lassen. Dann kann die Kreuzkette selbst getragen oder verschenkt werden.

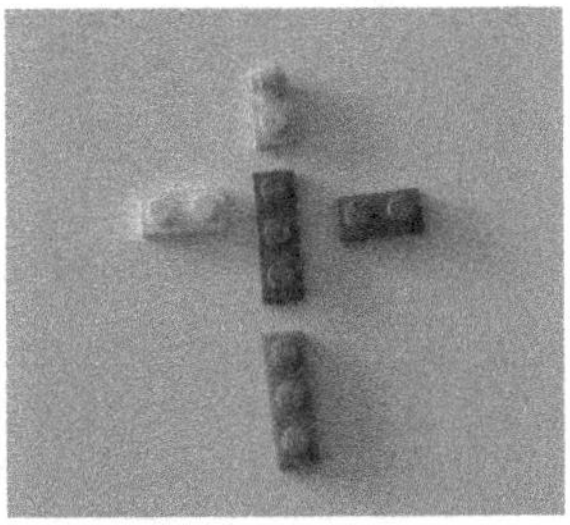

Der Ablauf der Kinderwoche

Wenn die Kinderwoche ganztägig oder nachmittags ist, sieht der Tagesablauf anders aus:

Tagesablauf für einen Nachmittag

14.15 Uhr	Treffen mit allen Mitarbeitenden
15.00 Uhr	Ankunft der Kinder: Begrüßung und Einführung ins Bauen
16.00 Uhr	Plenum: Lieder, Spiele, Geschichte
16.35 Uhr	Kleingruppen und Kekspause
17.00 Uhr	Bauen
18.00 Uhr	Ende, Aufräumen, Mitarbeitenden-Feedback

Tagesablauf I für einen ganzen Tag

09.15 Uhr	Treffen mit allen Mitarbeitenden, Gebet
10.00 Uhr	Ankunft der Kinder: Begrüßung und Einführung ins Bauen
11.00 Uhr	Plenum: Lieder, Spiele, Geschichte
11.30 Uhr	Kleingruppen
12.00 Uhr	Mittagspause
13.00 Uhr	Geländespiel oder Ausflug
14.00 Uhr	Kekspause
14.30 Uhr	Bauen mit Spielunterbrechung
17.00 Uhr	Ende, Aufräumen, Mitarbeitenden-Feedback

Tagesablauf II für einen ganzen Tag

09.15 Uhr	Treffen mit allen Mitarbeitenden, Gebet
10.00 Uhr	Ankunft der Kinder: Begrüßung und Einführung ins Bauen
11.00 Uhr	Plenum: Lieder, Spiele, Geschichte
11.30 Uhr	Kleingruppen
12.00 Uhr	Mittagspause
13.00 Uhr	Workshops
15.00 Uhr	Kekspause
15.30 Uhr	Bauen
17.00 Uhr	Ende, Aufräumen, Mitarbeitenden-Feedback

Gottesdienstablauf für die Abschlussveranstaltung (hier: Sonntagvormittag)

09.30 Uhr	Treffen mit allen Mitarbeitenden, Gebet
10.00 Uhr	Begrüßung
10.05 Uhr	Lieder
10.15 Uhr	Rückblick mit Fotos
10.23 Uhr	Lied
10.28 Uhr	Baustein-Spiel
10.35 Uhr	Lied
10.40 Uhr	Geschichte
10.55 Uhr	Lied
11.00 Uhr	Verabschiedung, Infos, Segen

danach: Stadt bestaunen, fotografieren, spielen, Grillfest und Abbau

Hinweise und Tipps

Man kann mit Kindern nicht nur eine Stadt, sondern auch biblische Geschichten mit Bausteinen nachbauen. Dafür eignet sich die Kleingruppenzeit gut. Jede Gruppe bekommt eine Grundbauplatte und Bausteine zur Verfügung und darf unter Anleitung der Mitarbeitenden die Geschichte, die sie gerade gehört hat, nachbauen. Oder die Kinder lesen gemeinsam den Bibeltext, auf den sich die Geschichte bezieht und bauen diesen nach. Dabei werden spannende Kunstwerke entstehen, die den Blickwinkel der Kinder auf die Geschichte zeigen. Es lassen sich Häuser, Felder, Höhlen und Szenen aus der Bibel nachbauen und nachspielen. So erleben die Kinder die Geschichte ganzheitlich und haben gleichzeitig einen Bezug zu den Bausteinen. Allerdings ist zu beachten, dass diese Methode eher für ältere Kinder geeignet ist.

Knut Ahlborn stellt im Kapitel „L. trifft B. – Und mit wenig Kindern?“ ab Seite 89 einen Programmentwurf vor, der das Nachbauen biblischer Geschichten in einzelnen Szenen zum Mittelpunkt hat. Wer diese Idee hier also vertiefen mag, blättert einfach weiter.

Mein Stein schlägt

– EIN BAUSTEIN-GELÄNDESPIEL

von Heiko Metz

Gruppengröße
ab 18 Personen (4-8 Mitarbeitende je nach Gruppengröße)

Altersgruppe
ab 7 Jahre

Material
- Steinekarten (rechteckige Kärtchen, die einen Stein von oben zeigen, also seine runden Noppen sehen lassen) in verschiedenen Farben (eine Farbe pro Gruppe)
- bei 2 x 20 Spielern/Spielerinnen (pro Farbe):
  1 x 16 Noppen
  1 x 14 Noppen
  2 x 12 Noppen
  3 x 10 Noppen
  3 x 8 Noppen
  4 x 6 Noppen
  3 x 4 Noppen
  2 x 2 Noppen
  1 x 1 Noppen

Bei höheren Spielerzahlen können mehr Gruppen oder größere Gruppen gebildet werden – dementsprechend muss das Kartenverhältnis angepasst werden.

Kurzbeschreibung
Geländespiel auf Schnelligkeit mit Risikofaktor

Spielidee
Durch Jagen und Abschlagen von Mitgliedern anderer Gruppen, die Steinekarten mit weniger Punkten haben, werden Punkte gesammelt. Gewonnen hat am Ende die Gruppe mit den meisten Punkten.

Ort
„Mein Stein schlägt" kann sowohl im Gelände als auch im Dorf oder in der Stadt gespielt werden.

Spielzeit
ca. 1 Stunde

Vorbereitung

Nach erfolgter Gruppeneinteilung bekommt jede Gruppe die verschiedenen Steinekarten ihrer Farbe (eine Karte pro Mitspieler/Mitspielerin) ausgeteilt. Wenigstens ein Mitarbeiter / eine Mitarbeiterin wird der Gruppe zugeteilt und bekommt die Ersatzsteinekarten der Gruppenfarbe. Jede Gruppe sucht sich im Gelände eine „Base", an der der Gruppenmitarbeiter / die Gruppenmitarbeiterin verbleibt. Die Mitarbeitenden verteilen sich im Gelände. Weitere Mitarbeitende beobachten gegebenenfalls den Spielablauf im Gelände und geben den Gruppen Tipps.

Story

Die Steine sind es leid! Seit Wochen liegen sie zusammengepfercht in einer Kiste. Sie drücken sich gegenseitig, nehmen sich die Luft weg – ganz zu schweigen davon, was passiert, wenn einer pupst. Schrecklich. Als heute die Kisten geöffnet werden, kommt es zum großen Streit der Steine. Die roten Steine beschuldigen die gelben, ganz furchtbare Stinkefüße zu haben – die blauen werfen den grünen vor, sich besonders breit zu machen ... und dann kommt es zum Steine-Kampf um die beste und tollste Steine-Farbe. Mein Stein schlägt ...

Ablauf

Von der „Base" aus starten die Gruppen – als einzelne Steine oder als Steine-Gang ins Gelände und versuchen Steine der anderen Farben aufzuspüren und sie abzuschlagen. Treffen so zwei Steine aufeinander, zeigen sie sich ihre Punktekarten vor. Derjenige mit dem größeren Stein gewinnt (Ausnahme: der höchste Steinewert (16) wird vom niedrigsten (1) geschlagen). Der Verlierer gibt seine Karte an den Gewinner ab und macht sich zurück zu seiner Base, um eine neue Steinekarte (kann dieselbe Punktezahl sein oder auch eine andere) zu bekommen.
Der Gewinner bringt die gewonnene Karte seines Gegners zu seiner Base. Nach Ablauf der Spielzeit werden die Punkte der jeweiligen Gruppen gezählt. Die Gruppe mit den meisten Punkten gewinnt.

Tipps

Das Spiel lebt von Schnelligkeit. Also keine großen Pausen. Auf ins Getümmel. Insgesamt kommt es viel auf Glück an – also nicht ärgern, wenn man seine Karte abgeben muss, sondern schnell die nächste Karte holen – und weiter geht es.

Baustein-Welten

– EINE FREIZEIT

von Kathinka Hertlein

Idee und Ziele

Eine Freizeit mit Bausteinen ist etwas ganz Besonderes! Die Kinder fahren weg, verbringen lange Tage zusammen, essen, toben, spielen miteinander und sehen die Tage über an den Mitarbeitenden, wie sich der Glaube an Jesus Christus im Leben auswirkt. Das ist wirklich ein ganzheitliches Erlebnis! Neben Andachten, Singen und Bauen mit Bausteinen gibt es actionreiche Spiele, vielleicht eine Nachtwanderung oder ein Lagerfeuer, einen Quizabend oder einen Filmabend und zum Schluss eine Gute-Nacht-Geschichte. Am Ende der Freizeit steht das fertige Bauvorhaben der Gruppe, das sie stolz den Eltern zeigen kann. Dieses intensive Erleben auf einer Freizeit kann mehrere Ziele verfolgen: Den Glauben an Jesus Christus zu wecken oder zu stärken und zu vertiefen, die Gemeinschaft unter Kindern und Mitarbeitenden zu fördern und das gemeinsame Bauprojekt fertigzustellen.

Zielgruppe

Als Zielgruppe sind eher ältere Kinder von 9 bis 12 Jahren geeignet, da sie weniger Angst haben, ohne Eltern in einem Freizeitheim o. Ä. zu übernachten. Außerdem ist die Altersspanne von 9 bis 12 Jahren homogener.

Zeit und Ort

Für eine Freizeit bieten sich Ferien an. Da man viel Zeit drinnen bei den Bausteinen verbringt, sind Herbst-, Winter- oder Osterferien geeignet, da man nicht primär draußen herumtobt. Die Dauer der Freizeit kann variieren, sinnvoll ist es, mindestens eine Wochenendfreizeit zu haben, da man die Kinder erst über einige Tage hinweg besser kennenlernt. Ansonsten sind von drei bis sieben Tagen viele Varianten denkbar.
Der Ort einer Freizeit kann entweder ein Gemeindehaus oder ein Freizeitheim sein, je nachdem, welche Prioritäten (Anreise, Verpflegung, Kosten ...) man setzt. Es sollte auf jeden Fall ausreichend Platz zum Bauen und auch für Andachten und Spiele vorhanden sein.

Das Programm für eine Freizeit

Themen

Bei der Themenauswahl kann es kreativ zugehen. Man hat einige Tage Zeit, Themen zu vertiefen, dazu ein Bauprojekt zu verwirklichen und Spiele und Aktionen durchzuführen. Ein ganzheitliches Erlebnis wird es für Kinder und Mitarbeitende dann, wenn man neben den gemeinsamen Andachten und Aktionen noch Details auf das Freizeitthema hin zuschneidet.

Man könnte als Thema zum Beispiel eine Sommerolympiade durchführen. Dann gibt es Bauzeiten, in denen Fußballstadien und Mannschaftsunterkünfte gebaut werden, sportliche Wettkämpfe am Abend und Andachten zu den Farben der Ringe, die sich an den Farben des wortlosen Buchs (mehr dazu findest du z. B. unter www.entdecker-kids.com/fragen/wortloses-buch – Stand Mai 2015) orientieren. Ein anderes Thema wäre eine Reise durch die Kontinente – jeden Tag ein anderes, ausgewähltes Land. Es gibt vielleicht typisches Essen, man baut typische Gebäude und die jeweiligen Monumente des Landes, wie den Eiffelturm oder die Freiheitsstatue. Die Andachten drehen sich um die Missionsreisen des Paulus und abends gibt es ein turbulentes Länderquiz.

Wenn die Kids viel Zeit zum Bauen haben und genug Steine da sind, können unglaublich tolle Dinge entstehen: Bei einer Baustein-Freizeit kam ein Kind auf die Idee, dass der Teich, der durch blaue Platten symbolisiert wurde, ja auch nach unten weitergehen müsste, also unter den Tisch auf dem die Platten lagen. Auf so eine Idee war noch nie jemand gekommen – am Ende der Freizeitwoche hatten wir eine riesige Stadt auf dem Tisch und eine nicht minder riesige Unterwasserwelt mit allem Schnickschnack unter dem Tisch geschaffen.
Eine andere Baustein-Freizeit hatte das Thema Europa. Die Mitarbeitenden haben die ganze Nacht gegrübelt, wie sie auf einem Großteil des Gruppenraumbodens aus den vorhandenen Platten die Umrisse Europas samt Alpen usw. halbwegs originalgetreu darstellen könnten. Die Kinder bekamen die typischen Bauwerke der Länder zugeteilt und durften Straßen und Eisenbahnnetze verlegen. Waren wir Mitarbeitenden anfangs nicht sicher, ob die gestellten Aufgaben nicht zu komplex waren, wurden wir bald eines Besseren belehrt. Heraus kam ein buntes, sehr schönes Europa. Zur Freude aller konnten sogar Außenstehende (z. B. Eltern) die einzelnen Länder und Bauwerke erkennen. (Heiko Metz)

Programm

Das Programm setzt sich aus verschiedenen Elementen zusammen:

Andachten: Morgens ist Andachtszeit. Es wird mit der Gruppe gemeinsam gesungen und gebetet. Ein Mitarbeiter / eine Mitarbeiterin hält eine Andacht oder es gibt ein Theaterstück zum Tagesthema. Außerdem gibt es vertiefende Spiele oder Bastelarbeiten.

Bauen: Nachmittags oder vielleicht auch alternativ abends sind die Bauphasen der Freizeit. Hier werden die Bauprojekte der Kinder entwickelt und gebaut. Es bietet sich auch hier an, die Spannung beim Bauen zu steigern, indem erst am Ende Dekorationselemente wie Menschen und Tiere herausgegeben werden und die Gebäude fertiggestellt werden.

Abendprogramm: Das Abendprogramm bezieht sich auf das Thema der Freizeit und kann mal actionreich, mal entspannend sein. Möglich ist es auch, bei längerem Alternativprogramm die Bauphasen abends durchzuführen und nachmittags das andere Programm. Der Kreativität sind bei der Programmplanung keine Grenzen gesetzt. Ein gemeinsamer Schwimmbadbesuch ist denkbar oder es gibt ein Geländespiel, einen Quizabend oder Workshops. Gut ist es, wenn der Tag anstrengend und bewegend war, einen ruhigen Abend zu haben und wenn der Tag eher bewegungsarm war, einen Kontrastpunkt am Abend zu setzen.

Tagesanfang und -ausklang: Es ist eine besondere Chance in der Freizeitarbeit, den Tag gemeinsam zu beginnen und zu beenden. Dafür gibt es pro Zimmer einen Mitarbeiter / eine Mitarbeiterin desselben Geschlechts (Männer für Jungenzimmer und Frauen für Mädchenzimmer), der/die zu Tagesbeginn mit seinem/ihrem Zimmer Bibel liest und sein/ihr Zimmer abends zu Bett bringt und den Tag mit den Kindern beschließt. Schön ist auch ein gemeinsamer Tagesausklang mit Gute-Nacht-Geschichte und einem Gebet.

Familiengottesdienst: Wenn es sich organisatorisch anbietet, kann man die Freizeit mit einem Familiengottesdienst beschließen, nach dem die Kinder abgeholt werden können. Das bietet sich dann an, wenn man im Gemeindehaus vor Ort übernachtet und nicht gerade mit dem Bus in ein anderes Bundesland unterwegs ist. Der Vorteil hierbei ist natürlich, dass die Eltern die gebauten Kunstwerke im Rahmen eines kleinen Familienabschlussgottesdienstes auch gebührend bewundern können.

Der Ablauf der Freizeit

Der Tagesablauf einer Freizeit sollte jeden Tag der gleichen Struktur folgen, damit sich die Kinder an den Tagesablauf gewöhnen und sich ein geregelter Rhythmus einstellt. Somit lässt sich folgende Grundstruktur auf die Freizeit übertragen:

Tagesablauf für den Anreisetag

08.30 Uhr	Frühstück der Mitarbeitenden
09.00 Uhr	Treffen aller Mitarbeitenden
10.00 Uhr	Ankunft der Kinder
11.00 Uhr	Begrüßung, Festlegung der Regeln der Freizeit
12.00 Uhr	Mittagessen
12.30 Uhr	Mittagspause
14.45 Uhr	Keks- und Getränkepause
15.00 Uhr	Bauen
18.00 Uhr	Abendessen
19.30 Uhr	Abendprogramm
21.30 Uhr	Gute-Nacht-Geschichte
22.00 Uhr	Bettruhe
22.15 Uhr	Runde mit allen Mitarbeitenden

Tagesablauf für jeglichen Tag

07.30 Uhr	Wecken der Kinder, Bibellesen und Gebet der Mitarbeitenden
08.00 Uhr	Bibellesen in Zimmergruppen
08.30 Uhr	Frühstück
10.00 Uhr	Andacht
12.00 Uhr	Mittagessen
12.30 Uhr	Mittagspause
14.45 Uhr	Keks- und Getränkepause
15.00 Uhr	Bauen
18.00 Uhr	Abendessen
19.30 Uhr	Abendprogramm
21.30 Uhr	Gute-Nacht-Geschichte
22.00 Uhr	Bettruhe
22.15 Uhr	Runde mit allen Mitarbeitenden

Tagesablauf für den Abreisetag

07.30 Uhr	Wecken der Kinder, Bibellesen und Gebet der Mitarbeitenden
08.00 Uhr	Bibellesen in Zimmergruppen
08.30 Uhr	Frühstück
09.00 Uhr	Aufräumen und Kofferpacken
10.00 Uhr	Gottesdienst mit den Eltern, danach Abreise der Kinder und Abbau

Hinweise und Tipps

Ein tolles Buch rund um das Thema Freizeiten ist: Knublauch, Björn / Krohmer, Johanna / Müller, Ingo / Otterbach, Fritz Ludwig (Hg.): Der Freizeitplaner. Freizeiten einfach gut planen – durchführen – nacharbeiten, buch+musik, Stuttgart 2014.

Steine tauschen

– EIN BAUSTEIN-HAUSSPIEL

von Heiko Metz

Gruppengröße
ab 8 Personen (3-6 Mitarbeitende je nach Gruppengröße)

Altersgruppe
ab 8 Jahre

Material
Karten mit Steinen oder Steine in natura, Karten mit Tauschkurs

Kurzbeschreibung
Gelände- und Hausspiel mit Strategieanteil

Spielidee
Durch schnelles und geschicktes Tauschen muss der Stein-Bestand vermehrt werden. Gewonnen hat die Gruppe, die am Ende die meisten Steine hat.

Ort
„Steine tauschen" kann sowohl im Haus als auch im Gelände oder in der Stadt gespielt werden.

Material
- 50 verschiedene Steine oder Steinbilder auf Karten, je 5- bis 10-mal (je nach Gruppengröße)
- pro Gruppe und Mitarbeiter/Mitarbeiterin ein Kärtchen mit Tauschkursen (diese müsst ihr noch festlegen, je nachdem welche Steine ihr habt)

Spielzeit
ca. 1 Stunde.

Vorbereitung
Jede Gruppe bekommt sechs verschiedene Steine und ein Kärtchen mit dem Tauschkurs. Die restlichen Steine und Kärtchen mit Tauschkurs werden gleichmäßig unter den Mitarbeitenden aufgeteilt. Die Mitarbeitenden verteilen sich im Haus oder auf dem Gelände und legen ihre Steine verdeckt vor sich aus (Tisch o. Ä.) oder halten den Kartenstapel in der Hand. Ein weiterer Mitarbeiter / eine weitere Mitarbeiterin beobachtet gegebenenfalls den Spielablauf und gibt den Gruppen Tipps.

Ablauf

Die Gruppen müssen durch geschicktes Tauschen gleiche Steine sammeln, die dann wiederum bei den Mitarbeitenden gegen mehr Steine eingetauscht werden können. Dabei gibt es mehrere Möglichkeiten:

- Die Gruppen können bei einem Mitarbeiter / einer Mitarbeiterin Steine 1:1 tauschen. Dazu legt die Gruppe einen Stein offen hin und zieht aus dem verdeckt liegenden Stapel des Mitarbeiters / der Mitarbeiterin einen neuen.
- Die Gruppen können untereinander Steine 1:1 tauschen.
- Die Gruppen können bei einem Mitarbeiter / einer Mitarbeiterin gleiche Steine gegen mehrere neue Steine eintauschen. Dabei gilt der Tauschkurs. Die Gruppe legt die Steine offen hin und zieht aus dem verdeckt liegenden Stapel des Mitarbeiters / der Mitarbeiterin die entsprechende Anzahl neuer.
- **Beispiel 1:** Die Gruppe legt vier gleiche Steine hin und darf dafür sechs neue Steine ziehen.
- **Beispiel 2:** Die Gruppe legt drei gleiche Steine einer Sorte und vier gleiche einer anderen Sorte hin und darf dafür elf neue Steine ziehen.
- **Beispiel 3:** Die Gruppe legt fünf gleiche Steine einer Sorte und fünf gleiche einer anderen Sorte hin und darf dafür siebzehn neue Steine ziehen.

Bei einem Mitarbeiter / einer Mitarbeiterin darf nicht zweimal direkt hintereinander getauscht werden. Die Gruppe muss zum Tauschen immer vollzählig am Tauschposten erscheinen. Nach Ablauf der Spielzeit werden die Steine der jeweiligen Gruppen gezählt. Die Gruppe mit den meisten Steinen hat gewonnen.

Tipps

- Das Spiel lebt vom Steinetauschen. Je öfter eine Gruppe tauscht, desto eher kann sie ihren Steine-Bestand vermehren. Es lohnt also, nicht zu horten.
- Wenn bei einem Mitarbeiter / einer Mitarbeiterin die Steine knapp werden, können von den anderen Mitarbeitenden vielleicht Steine nachgeholt werden.
- Wenn die Steine an den Tauschposten vor dem geplanten Spielende zur Neige gehen, sollte das Spiel vorzeitig beendet werden. Wenn das Spiel nur schleppend anläuft, sollte die Spielzeit verlängert werden.

Die Baustein-Stadt

– DREI NACHMITTAGE UND EIN FAMILIENGOTTESDIENST

von Barbara Köllner

Barbara Köllner stellt hier die Baustein-Stadt vor, die der Sächsische Jugendverband EC (SJV-EC) im Programm hat. Damit gibt es hier ein weiteres Beispiel für eine kleine Kinderwoche mit den bunten Bausteinen. Es ist spannend, die Gemeinsamkeiten der beiden Modelle und ihre Unterschiede zu sehen und zu überlegen, was davon warum zur eigenen Gemeinde/Gruppe besser passen könnte oder warum das eine oder das andere in verschiedenen Situationen hilfreicher sein kann. Ein Feuerwerk an Ideenanstößen kann aus solchen Überlegungen entstehen – und genau das wünschen wir dir!

Konzept

Die Baustein-Stadt mit den bunten Hartplastiksteinen im Sächsischen Jugendverband EC ist 12 m lang und bietet Platz für ungefähr 50 Kinder im Schulalter. Die bunten Bausteine dienen auch hier als Brücke, um Kinder mit Gottes Wort bekannt zu machen: Kinder entdecken, dass der größte Baumeister aller Zeiten ihr Freund sein will. Wir wollen Kinder erleben lassen: Jeder einzelne Bauarbeiter / jede einzelne Bauarbeiterin ist wichtig und kann mit seinem/ihrem Beitrag etwas zum großen Ganzen beitragen. Jedes Kind kann dabei sein eigenes Bauwerk frei gestalten.

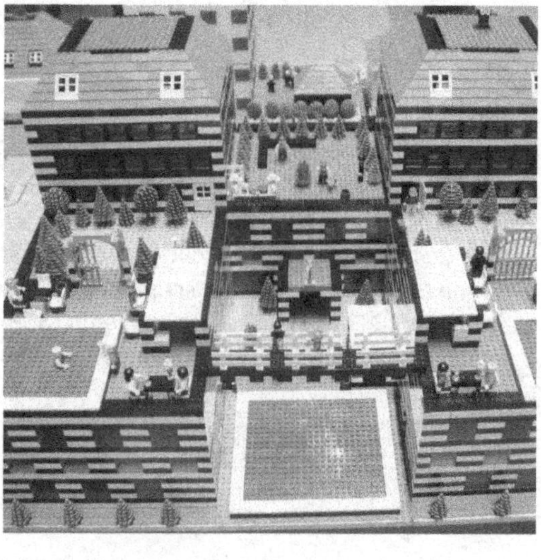

Zentrum der Bautage ist die Bibelzeit während der Bauarbeiterpause. Je nach Möglichkeit ist es gut, wenn ein separater Raum zur Verfügung steht.

> Da Kinder gern Geschichten hören, haben wir eine sehr gute Voraussetzung, die Kinder mit den biblischen Geschichten zu erreichen, wenn wir spannend erzählen. So passiert es hin und wieder, dass Kinder kommen und sagen: „Das Bauen ist toll, aber die Geschichten sind voll cool."

Beispiele für biblische Geschichten

Schöpfungsgeschichte (1. Mose 1,1 – 3,24): Mit den Kindern wird zusammengetragen, was zum Bauen gebraucht wird (Ideen, Hände, Augen, Kraft, einen Plan usw. – Bauwerke entstehen nicht von allein).
Jakob und Esau (1. Mose 25,19-34): Gott ist mit uns unterwegs, auch wenn wir Fehler machen. Er wartet auf unsere Entschuldigung und schenkt uns einen Neustart.
Josef (1. Mose 37,1 – 50,26): Gott meint es gut und hat einen Weg und ein Ziel für mein Leben, auch wenn bei mir nicht alles läuft, wie ich es mir wünsche.
Lukas 6,47-48: Das Fundament ist entscheidend für ein Bauwerk und auch für mein Lebenshaus.

In die biblische Geschichte sollten kurze Leitsätze für Kinder eingebettet sein. Am Ende der Geschichte steht das Gespräch mit Gott. Wichtig ist, den Kindern kurz zu erklären, was beim Beten geschieht und warum wir beten. Ich stelle an den Abschluss der Bibelzeit gern einen Bibelvers, den wir mit den Kindern auswendig lernen und am folgenden Tag noch einmal aufnehmen.

Beispiele für Merkverse: Psalm 4,4 – Philipper 4,6 – 2. Samuel 22,2

Ablauf

Die Bauwoche beginnt mit dem Aufbau. Gebraucht werden drei bis vier Mitarbeitende und zwei Stunden Zeit. Die veranstaltende Gruppe stellt Tische in gleicher Höhe zur Verfügung. Die Grundplatten werden aufgelegt und miteinander verschraubt. Ist die Arbeitsfläche fertig, werden die grünen Rasenplatten und die Straßen aufgelegt. Die Boxen mit den Steinen sind nummeriert und werden nach der Reihe auf Stühlen am Rand des Raumes platziert.

Ein halbe Stunde vor Beginn treffen sich alle Mitarbeitenden zu letzten Absprachen und Gebet. Wir sind startklar: Die Kinder können kommen. Jedes Kind wird persönlich begrüßt und bekommt einen Aufkleber mit seinem Namen. So ist es möglich, jedes Kind mit Namen anzusprechen. Das schafft ein Zugehörigkeitsgefühl. Die Kinder dürfen alles im Raum mit den Augen betrachten, aber nicht mit den Händen. Zur vereinbarten Zeit gibt es einen gemeinsamen Start. Dazu gehört eine kurze Begrüßung und die Bauarbeiterregeln werden genannt. Wichtig ist: Die Regeln sind kurz und für Kinder überschaubar.

Die gesamte Bauzeit beträgt ungefähr drei Stunden. Die erste Bauphase dauert 75 Minuten. In dieser Zeit sind die Mitarbeitenden bei den Kindern, um zu helfen und Beziehungen aufzubauen. Dann ist es Zeit für eine Bauarbeiterpause. Von den Mitarbeitenden des Ortes liebevoll vorbereitetes Essen steht für die Kinder in einem von der Bausteinstadt getrennten Raum bereit. Im Anschluss gibt es für alle Kinder eine biblische

Geschichte vom größten Baumeister aller Zeiten. Bei der Geschichte geht es darum, dass Kinder Gott und sein Angebot der Liebe und Rettung erfahren.

Nach der Bauarbeiterpause geht es zum Händewaschen und zurück zum Bauen. Der Baustopp kommt 15 Minuten vor dem offiziellen Ende. Jetzt gilt es, Ordnung zu schaffen: Alle nicht verbauten Steine kommen zurück an ihren Platz in den Bausteinkisten. Den Abschluss bildet eine gemeinsame Runde an der Bauplatte, wo fünf bis acht Kinder kurz erzählen, was sie heute geschafft haben. Es folgen die Einladung zum nächsten Bautag und ein Hinweis auf weitere Veranstaltungen für Kinder nach dem Ende der Bautage.

Nach einem gemeinsamen Familienabschluss mit Besichtigung der Baustein-Stadt und Gottesdienst oder Andacht muss die Stadt wieder abgebaut werden. Gern lassen sich Eltern von gemeindefernen Kindern zum Abbau einladen. Sie haben auf diese Weise eine Möglichkeit, sich zu bedanken und etwas beizutragen, weil ihre Kinder für drei Tage begeistert dabei waren. Mitarbeitende haben hier eine gute Möglichkeit zur Beziehungsarbeit.

» Tipp: Mit dem Angebot der Abbauhilfe gibt man einigen Eltern, die eigentlich selbst von Bausteinen begeistert sind und das ganze Wochenende gelitten haben, weil nur ihr Kind bauen durfte, die Gelegenheit, endlich auch Hand anzulegen. Wir haben schon viel Spaß mit begeisterten Eltern während der Abbauzeit gehabt. Mehrmals haben (besonders) Väter angemerkt, wie toll sie es finden, dass man ihnen dafür dankt, dass sie über eine Stunde etwas kaputt gemacht haben. So kann auch diese Zeit Beziehungen bauen und die Eltern der Kinder ganz unkompliziert mit hineinnehmen. (Heiko Metz)

Ein positiver Nebeneffekt ergibt sich in kleinen Ortschaften: Die Kinder kommen gern und laden ihre Freunde ein. Das spricht sich unter den Erwachsenen herum und die Bauzeit wird zum Ortsgespräch. Die Gemeinde wird für das Gute, was sie organisiert hat, bekannt. Nicht selten sind der Bürgermeister und natürlich die Zeitung bei uns zu Gast.

Gibt es ein großes Thema?

Bautage, die am Nachmittag nach der Schule stattfinden, haben kein Gesamtthema. Wir wollen, dass die Kinder ihrer Kreativität freien Lauf lassen können. Immer mal wieder höre ich von Kindern einen Satz, der mich nachdenklich stimmt: „Heute Nachmittag habe ich mal nichts falsch gemacht." Ohne Druck und Vorgaben einfach loslegen zu können, ist wichtig und kindgemäß.

Ausnahmen bilden Bautage zu den großen Feiertagen. So lässt sich die Weihnachts- oder auch die Ostergeschichte sehr gut bauen. Die Stadt wird zum Beispiel in der Weihnachtszeit in drei Teile geteilt und es entstehen Nazareth, Bethlehem und Jerusalem.

Ein Gottesdienst für die ganze Familie

» Selbstverständlich kann dieses Programm auch eigenständig durchgeführt werden – es muss nicht zwingend den Abschluss einer Kinderwoche o. Ä. darstellen. Dann entfällt die Vorstellung der Baustein-Stadt.

Konzept

Das Familienprogramm oder der Familiengottesdienst ist nicht nur der Abschluss, sondern sollte der Höhepunkt sein. Eingeladen sind die Kinder mit ihren Geschwistern, Eltern, Großeltern und natürlich die Ortsgemeinde. Dieses Programm ist kein gewöhnlicher Gottesdienst. Im gesamten Ablauf ist der Blickpunkt auf die Kinder und ihre Familien gerichtet, die an den Bautagen teilgenommen haben.

Programm

Begrüßung: Wichtig ist eine herzliche Begrüßung an der Tür. Wir erwarten zum Teil Familien, die zum ersten Mal einen Raum betreten, in dem ein Gottesdienst stattfinden soll. Vielleicht muss man auf Dinge hinweisen, die eigentlich jeder weiß – oder doch nicht? Wo befinden sich zum Beispiel die Toiletten?

Start: Der Start des Abschlussprogramms sollte lebendig und kreativ sein. Kinder und Eltern werden zunächst begrüßt. Eine Startaktion hilft, die Aufmerksamkeit nach vorn zu richten.
Möglichkeiten für eine Startaktion können sein:

- Wer baut den höchsten Turm in 60 Sekunden? Hier könnte ein Kind gegen einen Erwachsen antreten. Natürlich müssen genügend Grundbausteine zur Verfügung stehen.
- Wer kann die meisten Steine mit zwei Händen halten? Hier können Kinder gegen Kinder antreten. Auch hier müssen genügend Grundbausteine bereitgestellt und die Zeit begrenzt werden.
- Die Steine werden von vorne nach hinten von Hand zu Hand durch die Reihen gegeben. Welche Gruppe ist die schnellste?

Gemeinsames Lied

- Gott baut sein Haus Stein auf Stein
- Bist du groß oder bist du klein
- Der Kluge baut sein Haus
- Felsenfest und stark ist mein Gott

Bibelwort und Gebet: Das Bibelwort wird vorgelesen und ein Gebet gesprochen.

Vorstellung der Baustein-Stadt: Gleich zu Beginn sollten die Bautage vorgestellt werden. Besteht die Möglichkeit und der Platz, dann sollten die anwesenden Baukinder kurz an ihren Bauwerken stehen und erzählen, was sie gebaut haben. Das ist Wertschätzung und Anerkennung. Hier kann auch für die Gemeinde der Ablauf der Bautage genannt werden. Sind Fotos gemacht worden, bietet sich eine kurze Präsentation an.

Quiz: Im Anschluss ist ein Quiz rund um die bunten Bausteine eine gute Möglichkeit zum Brückenbauen.
Mögliche Quizfragen:

- Wie viele Steine befinden sich in der Tüte? (Tüte mit 111 Steinen 2 x 4 vorbereiten)
- Wie groß ist eine Minifigur in der Baustein-Welt? (42 mm)
- Seit wann gibt es die bunten Bausteine? (1958)
- Aus welchem Land stammen die bunten Bausteine? (Dänemark)
- Was bedeuten die bekannten vier Buchstaben auf Deutsch? (Abkürzung für „leg godt“: spiel gut)

Verkündigung: Die Predigt schließt sich an das Quiz an und nimmt Kinder wie Erwachsene mit hinein in eine anschauliche Verkündigung aus der Bibel.

Der Bibeltext wird vorgelesen: Johannes 15,9-12. Jesus spricht hier über die Liebe Gottes zu uns. Sie ist das Fundament in unserem Leben. Die Liebe Gottes hat viele Bausteine.

Die Verkündigung ist in acht Szenen gegliedert. Zu jeder Szene werden in der Vorbereitung Leute ausgewählt, die diese kurz darstellen. Der Verkündiger / die Verkündigerin kommentiert diese Szenen. Eine andere Möglichkeit wäre, die einzelnen Szenen vorab als Video aufzunehmen und entsprechend abzuspielen oder jeweils ein passendes Bild zu zeigen.

Szene 1
Ein Vater ist mit seinem kleinen Kind auf der Schulter zu sehen.
Beide sind miteinander unterwegs, lachen, spielen, erzählen. Das Kind weiß sich geborgen auf den Schultern seines Vaters. Jeder von uns hat schon als kleines Kind die Liebe von Mutter und/oder Vater erlebt. Erst dann sind wir in der Lage, selbst Liebe weiterzugeben. Diese bedingungslose Zuwendung ist ein Baustein im Fundament für das Leben eines Kindes. Ohne die Liebe der Eltern zu ihrem Kind ist ein Mensch nur sehr schwer in der Lage, selbst Liebe weiterzugeben.
Zwei Bausteine (aus einem Schuhkarton herstellen) mit den Worten **Liebe** und **Zuwendung** beschriften und vorne aufstellen.

Szene 2
Zwei Teenager (Junge und Mädchen) sind glücklich Arm in Arm unterwegs.
Zwei junge Menschen entdecken sich und den anderen. Mit viel Nähe sind sie unterwegs und genießen die gegenseitige Berührung. Sie entdecken, dass aus einem Nebeneinander ein Miteinander werden kann. Der andere wird beachtenswert und liebenswert. Etwas Wunderbares nimmt seinen Anfang. Es braucht Geborgenheit und Schutz.
Einen Baustein mit **Schutz** beschriften und aufstellen.

Szene 3
Zwei Menschen sitzen nebeneinander.
Ein Mensch an meiner Seite. Diese Sehnsucht kennen wir alle. Wir brauchen einen Menschen, der zuhört, der spürt. Ich brauche ein helfendes Gespräch, ein Wort des Trostes, eine liebevolle Umarmung. Im Nächsten können wir Gottes Liebe und Zuwendung erfahren. Die Hinwendung zueinander im Alltag ist ein weiterer Baustein.
Zwei Bausteine mit **Trost** und **Zuwendung** beschriften und aufstellen.

Szene 4
Ein Hochzeitspaar wird gezeigt.
Ein Mensch gibt mir die Gewissheit, dass ich einmalig, wichtig, wertvoll bin. Diese Liebe lässt uns wachsen und schafft ein gesundes Selbstbewusstsein. Nicht nur am Hochzeitstag, sondern auch im Alltag danach sollte es im Miteinander unser Bestreben sein.
Zwei Bausteine mit **einmalig** und **wertvoll** beschriften und aufstellen.

Szene 5
Urlaubsbild: Liegestuhl, Sonnenschirm, Buch, Spiele, Wanderschuhe werden gezeigt.
Der Alltag ist zu Hause geblieben. Die Probleme sind auf Abstand. Zeit füreinander und für Liebe und Zuwendung. Gib weiter, was du selbst erhalten möchtest innerhalb deiner Familie. Das gibt uns Geborgenheit, trägt uns und ist ein weiterer Baustein im Lebensfundament.
Einen Baustein mit **Geborgenheit** beschriften und aufstellen.

Szene 6
Eine Gruppe von Leuten mit gleichen Interessen wird gezeigt.
Manche Menschen haben gleiche Interessen. Sie treffen sich. Sie tauschen Erfahrungen aus. Sie tun etwas gemeinsam. Das gibt persönliche Wertschätzung und holt uns aus der Gleichgültigkeit heraus. Unser Selbstvertrauen wird gestärkt und befähigt mich, Liebe an andere weiterzugeben.
Zwei Bausteine mit **Wertschätzung** und **Achtung** beschriften und aufstellen.

Szene 7
Ein älteres Ehepaar wird bei der gemeinsamen Arbeit gezeigt.
Es braucht Vertrauen, dass zwei Menschen ein Leben miteinander verbringen und nicht nebeneinanderher leben. Wir verändern uns im Laufe der Zeit. Was in jungen Jahren sehr wichtig war, wird später zur Nebensache. Beide sind eins. Der Weg ans Ziel unseres Lebens lässt sich im Miteinander gelassener angehen.
Zwei Bausteine mit **Vertrauen** und **Miteinander** beschriften und aufstellen.

Szene 8
Menschen unter Gottes Wort.
Gott kommt in seinem Wort zu uns. Hier ermutigt er uns, Schritte aufeinander zuzugehen. Gott ist für uns. Wir dürfen füreinander da sein. Leben wir Gemeinschaft im Licht unseres Gottes? Sind wir einladend für Menschen, die sich nach Gemeinschaft sehnen?
Zwei Bausteine mit **Gottes Wort** und **Gemeinschaft** beschriften und aufstellen.

Alle Steine zusammen bilden ein stabiles Fundament und ein Miteinander für unser Leben. So vielfältig die Steine sind, so bunt ist die Möglichkeit, Gottes Gebote in unserem Alltag umzusetzen. Wir haben viele Möglichkeiten – jeden Tag neu. Es ist wie ein starkes Fundament für unser Leben. Es braucht eine ständige und fortdauernde Bearbeitung und Ausbesserung. Viele Einflüsse wirken zerstörend und gefährden das Fundament. Warte nicht und bessere aus, wo Schäden zu finden sind. Gott bietet dir seine Hilfe an. Mach dich mit ihm zusammen an die Arbeit.

Abschluss: Der Abschluss sollte kurz sein und nur Informationen enthalten, die für die Kinder und ihre Eltern an diesem Tag wissenswert sind. Alle normalen Ansagen für die Gemeinde können entweder schriftlich oder einem bereits bestehenden Plan entnommen werden.

Wir singen ein gemeinsames Lied. Es folgen ein Gebet und der Segen.

Im Anschluss steht die Besichtigung der Stadt im Mittelpunkt. Hier ist dann auch die Möglichkeit für viele persönliche Gespräche.

Zusammenfassung Ablauf Gottesdienst

10.30 Uhr	Begrüßung mit Lied, Bibelvers und Gebet
10.35 Uhr	Vorstellung der Baustein-Stadt: Die anwesenden Baukinder werden mit ihren Bauwerken vorgestellt (Anerkennung und Wertschätzung sind ganz wichtig für die Kinder).
10.50 Uhr	Bilder von den Bautagen zeigen
10.55 Uhr	Quiz zu den bunten Steinen
11.00 Uhr	Lied
11.05 Uhr	anschauliche Verkündigung
11.20 Uhr	Lied
11.25 Uhr	Abschluss mit Gebet und Segen

Das Abschlussprogramm sollte nicht länger als eine Stunde dauern.
Nach dem Programm werden alle zum gemeinsamen Essen oder Kaffeetrinken eingeladen, sodass alle die Möglichkeit für ein nettes Kennenlernen und Gespräche haben.
Im Anschluss beginnt der Abbau.

Themen

Bei der Themenwahl des Gottesdienstes sollte die missionarische Ausrichtung im Vordergrund stehen. Aus Erfahrung kommen zum Abschlussgottesdienst recht oft Eltern mit ihren Kindern mit, die bis dahin noch nie einen Gottesdienst erlebt haben. Diese Kinder und Erwachsenen sollten sich wohl fühlen und vom Thema angesprochen werden.

Lukas 6,47-49: Ein gutes Fundament für mein Leben.
Markus 2,1-12: Eine heile Beziehung zu Gott.
1. Mose 1,1-18: Der größte Baumeister aller Zeiten.

L. trifft B.

– UND MIT WENIG KINDERN?

von Knut Ahlborn

Sicher kann man mit Bausteinen toll große Aktionen mit Kindern durchführen. Knut Ahlborn stellt hier noch eine Idee für kleine Gruppen vor – als möglicher Gegenpol oder auch als Ergänzung zu den bisher vorgestellten größeren Aktionen und Möglichkeiten sowie als Angebot innerhalb einer „normalen" Gruppenstunde. Gleichzeitig steht er für eine Baustein-Welt der Kinder-Evangelisations-Bewegung im Ruhrgebiet.

Konzept

Jährlich haben wir in unserer Gemeinde eine große Stadt mit bunten Hartplastikbausteinen gebaut. Dann merkten wir: Da muss mal etwas anderes her! Die Kinder – die schon auf eine Werbung in der Zeitung warteten – brauchen eine neue Herausforderung. So entstand die Idee: „L. trifft B." Dabei steht L. für die Hartplastikbausteine, B. für die Bibel.

Unser Grundkonzept stand schnell fest: Wir erzählen den Kindern eine biblische Geschichte mit mehreren Szenen – ohne Bilder. Diese Geschichte bauen sie dann in Kleingruppen von zwei bis drei Kindern nach. Wir hatten zwar das Material für eine große Stadt. Aber um die Idee so umzusetzen, konnten nicht mehr als ungefähr 20 Kinder mitmachen.

Das Projekt „L. trifft B." ist also gerade für kleinere Gruppen eine ideale Möglichkeit, sich mit den kleinen Hartplastikbausteinen in die biblische Geschichte zu vertiefen. Außerdem kann man zu dieser besonderen Aktion gut Freunde zur Jungschar einladen.

Ablauf

Die Kinder bekommen bei der Erzählung die einzelnen Szenen schriftlich per Beamer o. Ä. mit jeweiligen Szenentiteln zu sehen. Danach werden die Kinder in Kleingruppen entsprechend der Szenen aufgeteilt.

Nun haben die Kinder die Aufgabe, „ihre" Szene auf dem vorab gekennzeichneten Platz auf einer vorbereiteten Platte zu gestalten.

Ist es am Tisch zu eng für alle Kinder zum Bauen, können die Gruppen ihre jeweilige Grundplatte auch zu einem separaten Bautisch mitnehmen. Dafür sollte als Platzhalter ein Blatt mit dem Szenentitel hingelegt werden, damit die Gruppen den richtigen Platz für ihre Bauplatte mit der fertigen Szene am Ende auch wiederfinden und alles in der richtigen Reihenfolge ist.

Die Personen, die in der Geschichte mehrmals vorkommen, müssen auch in entsprechender Anzahl bereitliegen. Denn ein Ziel der Aktion ist: Am Ende des Programms kann man sich die Geschichte mit einem Rundgang um die Platte noch einmal anschauen und gegenseitig erzählen.

Man könnte auch verabreden, dass die Kinder von ihren Eltern mit Kamera abgeholt werden. Dann erzählen die Kinder den Eltern die Geschichte im Allgemeinen und ihren Bauabschnitt im Besonderen. Bei einem solchen Rundgang wird man die Geschichte noch einmal mit anderen Augen sehen.

Beispielgeschichte: Naaman

Das kann – am Beispiel der Geschichte von Naaman (2. Könige 5,1-19) – so aussehen:

Das entführte Mädchen aus Israel erzählt ihrer Herrin: „Wenn doch mein Herr zum Propheten in Israel gehen würde – er würde von seinem Aussatz gesund werden."

Damit stellt sie sich zu Gott – auch wenn ihre Situation als Gefangene schwer ist.

Als Naaman, der syrische Feldhauptmann, das hört, geht er sofort zu seinem König.

Der gibt ihm ein Empfehlungsschreiben an den israelitischen König mit.

Sofort macht sich Naaman mit Dienern und vielen Geschenken – Gold, Silber und Festtagskleider – auf den Weg nach Samaria, der Hauptstadt vom Nordreich Israel.

Zuerst wird Naaman freundlich empfangen. Als der König von Israel aber den Brief liest, tobt er: „Bin ich Gott, dass ich diesen Mann gesund machen könnte?! Seht, wie er Streit mit mir sucht!"

Von der Sache erfährt der Prophet Elisa. Er sagt: „Schick Naaman zu mir, damit er merkt, dass es noch einen Propheten – einen Boten Gottes – in Israel gibt."

Als Naaman am Haus von Elisa ankommt, wird er nur von dessen Diener empfangen: „Geh und tauche dich 7-mal im Jordan unter – dann wirst du gesund."

Darüber ist Naaman sehr zornig und macht sich mit seinen Dienern auf den Heimweg.

Seine Diener haben ihn lieb. Deshalb reden sie ihm gut zu: „Wenn der Prophet etwas Großes von dir gefordert hätte – hättest du es nicht getan? So probiere es doch wenigstens aus!"

Naaman lässt sich überreden und geht zum Jordan.

Dort taucht er unter: 1-mal – 2-mal – 3-mal – 4-mal – 5-mal – 6-mal – ...

... – 7-mal. Als er wieder auftaucht, ist seine Haut gesund – wie die eines kleinen Jungen!

Sofort macht er sich wieder auf den Weg zu Elisa. Er will sich mit den Geschenken bedanken. Aber Elisa wehrt ab, denn schließlich hatte nicht er, sondern Gott Naaman geheilt.

Elisa stellt sich damit zu Gott. Das will auch Naaman. Er sagt:

„Gib mir eine Wagenladung Erde hier aus Israel. Wenn ich dann zu Hause in Syrien bin, will ich nur noch den einzig wahren Gott anbeten. Und zur Erinnerung daran werde ich das nur auf der Erde hier aus Israel tun."

Als ein Vater darum bat, die Szenen auch für ihn zu fotografieren, entstand noch folgende Idee: Wir machen von allen Beteiligten beim Bauen ein Bild – natürlich mit dem Gesamtwerk zusammen. Dann werden die einzelnen Szenen fotografiert und mit dem entsprechenden Bibeltext (und dem inhaltlichen Schwerpunkt sowie entsprechendem biblischen Zielgedanken) in Erzählform versehen. Das fertige Blatt bekommen die Kinder in den nächsten Wochen als Erinnerung. So sind die Kinder der Geschichte gleich vier Mal begegnet: beim Hören, beim Bauen, beim Erzählen und beim Nachlesen des Erinnerungsblattes.

Weitere Ideen

Nun kann man das Konzept weiter ausbauen: Im Jahreslauf kann man solch eine Aktion immer wieder mal durchführen. Dabei wächst die Sammlung der Erinnerungsblätter Stück für Stück. So könnte ein gruppenspezifisches Sammelbuch „L. trifft B.“ entstehen.

Mit dieser Herangehensweise könnt ihr als Gruppe aber auch eine größere Baustein-Welt in der Jungschar vorbereiten. Sicher wären die Kinder umso stolzer und motivierter, Freunde zu einem Baustein-Wochenende einzuladen, wenn die Bilder, die zum Erzählen der biblischen Geschichte genutzt werden, genau die Bilder sind, deren Szenen sie selbst gebaut und fotografiert haben.

Genauso gut könnte dieses Konzept der Nachbereitung einer größeren Aktion in der Gruppenstunde dienen. Vielleicht wäre die Weiterarbeit mit Bausteinen im Rahmen der Andacht ein guter Aufhänger, um Kinder, die bei der Aktion dabei waren, in die Gruppenstunde einzuladen?

Die Autoren

Knut Ahlborn ist Referent bei der Kinder-Evangelisations-Bewegung im Ruhrgebiet (www.keb-ruhrgebiet.de). Seit 2003 erlebt er eine große Begeisterung beim gemeinsamen Bauen einer Stadt. Kinder entdecken, dass das Bauen mit den Steinen und das „Bauen des Lebens" Fundament und Plan brauchen. Er möchte ihnen Gott als Grundlage weitergeben.

Jörg Bartoß ist Kinderreferent in der Kinderzentrale der Liebenzeller Mission (www.liebenzell.org) sowie Spielpädagoge und Buch- und Spieleautor. Jörg liebt es, mit den Bausteinen quer durch Deutschland zu reisen und gemeinsam mit den Kindern (und ihren Eltern) riesige Städte aus Holzbausteinen zu bauen.

Kathinka Hertlein hat Theologie und Soziologie studiert. Von 2012 bis 2015 hat sie die Bausteinewelt im EC Bayern (www.ec-bayern.de) geleitet und sich an der Begeisterung der Kinder und Mitarbeitenden für das Projekt erfreut. Nun lebt und arbeitet sie in Marburg/Lahn.

Stefan Kaiser ist Sozial- und Erlebnispädagoge und für die hessischen EC-Verbände als Jugendbildungsreferent tätig (www.ecja.de, www.echn.de, www.ec-rms.de). Er hat besonders viel Freude beim Basteln und Werkeln mit Kindern, wenn er dabei die Möglichkeit hat, ihre Geschicklichkeit, Kreativität und Fantasie zu fördern.

Barbara Köllner ist Kinderreferentin im Sächsischen Jugendverband EC (www.ec-sachsen.de). Die Arbeit mit Kindern, Familienarbeit, Mitarbeiterschulungen sowie die Stadt aus bunten Bausteinen prägten ihre Arbeit viele Jahre. Ihr größtes Anliegen: Kinder entdecken, dass der größte Baumeister aller Zeiten ihr bester Freund sein will. Künftig arbeitet sie als Gemeinschaftspastorin in Sachsen.

Heiko Metz ist Einrichtungsleiter bei „Die Arche, christliches Kinder- und Jugendwerk e. V." (www.kinderprojekt-arche.de) in Düsseldorf. Er hat in seinem früheren Leben die Bausteinwelt im EC Bayern mit tausenden Kindern erlebt und freut sich, bald mit seinem frischgebackenen Sohn mit Bausteinen spielen zu können.